上野～土浦～水戸～いわき～仙台を結ぶ大動脈

常磐線
昭和の思い出アルバム

山田 亮

EF81 92（田端機関区）牽引の常磐線下り普通列車。この列車は光線状態から上野発5時55分の仙台行221列車と思われる。常磐線客車普通列車は1982年11月改正まで3往復が上野発着で運転された。
◎赤塚～水戸　1981（昭和56）年4月6日

.....Contents

常磐線を代表する特急「ひたち」には485系のボンネット型先頭車が多数活躍していた。
◎大甕〜東海　1986（昭和61）年11月　撮影：安田就視

はじめに

　常磐線は本線ではない。歴史的には東北本線の支線という扱いであるが、東北本線は今では優等列車が新幹線に移行して普通列車、貨物列車中心になり、盛岡以北がJRから分離されて第三セクター化された。宇都宮以南は「宇都宮線」と呼ばれることも多くなって首都圏では「東北本線」の存在感はすっかり薄くなったと言えよう。一方、常磐線は通勤線区として、水戸、いわき方面への都市間連絡路線として重要性は高く、新幹線がないこともありJR在来線では最高レベルである。

　常磐線には３つの顔がある。ひとつは東京への通勤線区である。通勤圏は広がる一方で、東京と千葉県東葛地域の松戸、柏、我孫子、さらに利根川を渡り茨城県に入り取手、龍ケ崎、牛久と続き土浦付近までが今や東京の通勤圏である。我孫子から分岐する成田線も常磐線に乗り入れて上野、品川まで直通し、「かつぎ屋おばさん」の時代は今や遠い昔の記憶になった。車両もかつての「青電」103系、「赤電」401、403、415系が新系列電車E231系、交直流E531系となり、地下鉄乗り入れ車両も103系1000番台が今ではE233系2000番台、営団地下鉄6000系も東京メトロ16000系となり、小田急4000系も乗り入れてくる。

　二つ目の顔は東京と水戸、日立、いわきと茨城県太平洋側、福島県「浜通り」の各都市を結ぶ都市間連絡路線である。1958年登場のディーゼル準急「ときわ」以来、電車急行「ときわ」、電車特急「ひたち」、最高130km/hの「スーパーひたち」と進化し、車両は気動車のキハ55系、電車の451・453系、485系、651系、E653系とその時代の最新鋭車両が投入され、今のE657系につながっている。

　三つ目の顔は東京と仙台を結ぶ国土縦貫線としての役割である。明治時代、常磐線平（現、いわき）以北は国土縦貫線の一環として建設された。勾配が少なく蒸気機関車の時代は運転上有利だったことに加え、石炭輸送のため平まで早期に複線化されていたこともあって、東北本線が電化される以前は北海道連絡の特急、急行列車のほとんどが常磐線を回り「青森へは常磐線が本線」と言われた時代もあった。今ではその使命もほぼなくなったが、国土を縦貫する幹線としての使命は変わらない。2011年の東日本大震災で大きな被害を受けたが徐々に復旧し、2020年３月に全線が開通したことは記憶に新しい。特急「ひたち」はふたたび常磐線全線を直通し品川－仙台間の運転となって、かつての東北電車特急の旅が味わえるようになった。

　2015年3月からは上野東京ラインが開通し、特急、中距離電車、快速の多くが東京を経由して品川に直通し飛躍的に便利になった。このような常磐線の変化を本書で追体験していただければ幸いである。

2022年10月　山田 亮

常磐線中距離電車クハ401（初期の低運転台車）の車内。昼下がりの上り電車でのんびりした雰囲気。禁煙区間東京〜取手間の表示がある。前年1970年10月から中距離電車も東京〜平塚間、東京〜大宮間、東京〜取手間、新宿〜高尾間が禁煙となった。客車普通列車はこの区間でも禁煙にはならなかった。
◎中距離電車の車内写真
1971（昭和46）年２月
撮影：山田 亮

1章
上野〜取手（直流区間）

南柏を発車する常磐緩行線の207系は国鉄初のVVVFインバータ制御電車として試作の10両編成１本が1986年に新製された。当時の製造費が非常に高価であり、増備されず2009年に後継のＥ233系2000代投入により2010年１月に廃車となった。◎南柏　1987（昭和62）年４月11日　撮影：小川峯生

常磐線の歴史

常陸と磐城を結ぶ

常磐線の「常磐」は利根川の北から勿来の関付近までの茨城県の旧国名「常陸」(ひたち)の「常」と勿来の関から先の福島県海岸沿いの旧国名「磐城」(いわき)の「磐」を組みあわせたこの地域の総称で「じょうばん」と読む。「常磐」は「ときわ」とも読み「永久にかわらないもの」「常緑樹」の意味がありおめでたい名前でもある。

日本鉄道によって建設

茨城への最初の鉄道は現在の水戸線で水戸鉄道(小山~水戸間)として1889 (明治22) 年1月に開通し、小山で東北本線 (当時は日本鉄道) に連絡し、1892 (明治25) 年3月に日本鉄道に合併された。その後は日本鉄道によって建設され、1896 (明治29) 年12月に田端~友部間が土浦経由で開通し、東京 (上野) と水戸が直結された。

1897 (明治30) 年3月には水戸~平 (現・いわき) 間、1898 (明治31) 年8月に田端 (のちに起点は日暮里になる) ~岩沼間が開通し、1901 (明治34) 年11月に日本鉄道海岸線と改称された。1906 (明治39) 年11月、日本鉄道は鉄道国有法により国有化され1909 (明治42) 年10月から常磐線と改称された。

北海道連絡の重要ルート

蒸気機関車の時代は距離が多少長くても勾配の少ない平坦線が運転上有利とされた。蒸気機関車は勾配に弱く、勾配区間が長いと補機 (補助機関車) が必要になるからである。常磐線は勾配のある東北本線 (宇都宮、福島経由) より有利で日本鉄道時代から上野~青森間に常磐線経由の急行が運転された。国有化後の1908 (明治41) 年3月、青森~函館間に青函連絡船が開設され、北海道連絡の使命も併せ持つようになった。

戦前最盛期の1934 (昭和9) 年12月改正時点では上野~青森間の急行は2往復で昼行が東北本線経由、夜行が常磐線経由だった。常磐線経由の夜行急行201、202列車は同区間を下り12時間45分 (上野19:00~青森7:45)、上り12時間25分 (青森22:00~上野10:25) で結び、当時の特急「富士」(東京~下関間)

と表定速度はほぼ同じで実質的な「東北特急」でVIP用特別室 (4人用個室) のある2等寝台車 (マロネ37480形、後のマロネ38形) を連結した。

常磐線に省線電車が登場

常磐線にはふたつの顔がある。ひとつは水戸、いわき (かつては青森方面) への中長距離輸送であり、もうひとつは松戸、取手方面への近郊輸送である。1936 (昭和11) 年12月、上野~松戸間が電化され省線電車 (後の国電) が登場した。電車はすべて20mの新車 (モハ41、クハ55、クハニ67) で17m車中心で木造車も多かった山手線、京浜線、中央線と異なり近代的なイメージだった。

松戸から先の柏、我孫子方面は戦後になり戦災にあった人々が郊外に移転して人口が増加し、朝夕の通勤時間帯は超満員であった。そこで1949 (昭和24) 6月、松戸~取手間が直流電化され利根川を渡り茨城県まで国電 (国鉄電車) が運転された。

特急「はつかり」の登場

戦後10年が経過し、山陽、九州方面に特急が運転されると、「東北にも特急を」との声が高まった。運転区間は北海道への最短時間での連絡を考慮し上野~青森間となった。地元からは東北本線経由を望む声が強かったが、最短時間で結ぶ必要があり勾配が少ない常磐線経由となった。

1958 (昭和33) 年10月に客車特急「はつかり」が登場した。所要時間は下り上りとも12時間 (上野12:00~青森24:00、青森5:00~上野17:00) で青函連絡船夜行便に接続したが、蒸気機関車 (上野~仙台間C62、仙台~盛岡間C61、盛岡~青森間C60、C61重連) 牽引のためディーゼル化が急がれた。1960 (昭和35) 年12月から「はつかり」は80系気動車でディーゼル化され先頭は「ブルドッグスタイル」のキハ81となった。

「はつかり」は1968 (昭和43) 年10月改正時に583系電車となり東北本線経由となり、常磐線から姿を消した。

常磐線の交流電化

常磐線が取手まで電化され、次は土浦、水戸方面

への電化が地元の強い要望になったが実現には時間を要した。これは茨城県柿岡町（現在は石岡市柿岡）に気象庁地磁気測候所があり、直流電化では観測に影響するためだった。交流電化は1957（昭和32）年に北陸本線で実用化されたが、上野〜水戸間を電車で直通運転することは必須で、取手以遠の電化は交直両用電車の開発を待って実現した。1961（昭和36）年取手〜勝田間が交流電化され、取手〜藤代間に交直セクションが設けられ、401系電車が登場した。翌1962（昭和37）年秋から客車列車も交直両用電気機関車EF80牽引となった。電化は1962年10月に高萩、1963年5月に平まで、同年9月に草野まで延長された。

準急「ときわ」の登場

1958（昭和33）年6月に上野〜平間にディーゼル準急「ときわ」3往復がキハ55系で登場し、年々本数が増え1961（昭和36）年10月改正時点では7往復となった。

1963（昭和38）年5月に平まで電化され、同年10月までに「ときわ」のうち6往復が交直両用の451系電車となった。あとの1往復は水郡線直通「奥久慈」併結のためディーゼルのままだった。「ときわ」の本数はその後も増え、1968（昭和43）年10月改正時には下り14本、上り12本で、ほぼ毎時1本の運転になった。うち2往復は水郡線直通車両を連結しキハ58系だった。

最後の蒸気特急「ゆうづる」

常磐線平（正確には草野）〜岩沼間はしばらく非電化のままで、大型蒸気機関車C62、C61、C60が急行、普通列車を牽引していた。1965（昭和40）年10月、寝台特急「ゆうづる」が常磐線経由で登場し、平〜仙台間をC62が牽引した。下りは深夜だが上りは日の長い季節は平近くで撮影可能なため、多くのファンが「最後の蒸気特急」の撮影に訪れた。1967（昭和42）年10月、草野〜岩沼間の電化が完成した。

特急「ひたち」の登場

特急「ひたち」は1969（昭和44）年10月、同時に登場した「いなほ」（上野〜秋田間、上越・羽越線経由）の上野での折り返し時間を利用して上野〜平間を往復し「アルバイト特急」と言われた。キハ81にとって

も1年ぶりのカムバックだった。「ひたち」は茨城の旧国名「常陸」にちなんだもので、沿線に主力工場のある大手電機メーカーの名ではない。

「ひたち」は1972（昭和47）年10月、483・485系電車となり5往復となり、平発着2往復、原ノ町発着2往復、仙台発着1往復となった。

複々線化と地下鉄千代田線直通

常磐線松戸以遠は1960年代から沿線人口が急増し、1966（昭和41）年10月から旧型電車の10両編成化、朝上り3分間隔運転が行われ、翌1967年12月から103系（エメラルドグリーン色、青電と呼ばれた）10両編成の投入が開始された。一方、常磐線は中長距離列車、貨物列車も運転され複線では限界に達しつつあった。そこで綾瀬〜我孫子間複々線化、営団地下鉄9号線（現・東京メトロ千代田線）との直通運転が計画された。

1971（昭和46）年4月20日、綾瀬〜我孫子間複々線化が完成し、快速線（列車線）と緩行線（普通電車線）が分離され、各駅停車は綾瀬で地下鉄千代田線と直通した。ところが需要予測を誤り、朝ラッシュ時に各駅停車の乗客が西日暮里乗り換えを選ばず、松戸や北千住から快速や中距離電車に殺到する事態になって大混乱となり「迷惑乗り入れ」と言われた。

すべて特急「ひたち」に

上越新幹線開通の1982（昭和57）年11月15日改正時から「ひたち」が12往復、「ときわ」が下り11本、上り10本となって特急と急行の本数が逆転した。

東北・上越新幹線上野乗入れの1985（昭和60）年3月14日改正時から、すべて特急「ひたち」となって毎時2本体制になり急行は廃止された。「ひたち」増発用に各地から485系が集められ、山陽、北陸、九州で長年活躍した60ヘルツ用を表す赤いスカートのクハ481も常磐線に現れファンの注目を浴びた。

「科学万博」エキスポライナーの運転

1985（昭和60）年3月17日から9月16日まで筑波研究学園都市（現・つくば市）で国際科学技術博覧会「科学万博つくば'85」が開かれた。観客輸送の中心は国鉄で観客輸送の中心は国鉄で会期中は牛久〜

荒川沖間に万博中央駅(現・ひたち野うしく駅)が設置されシャトルバスで会場と結ばれた。臨時列車「エキスポライナー」が上野〜万博中央、土浦間、我孫子〜万博中央間などに運転され、大宮〜万博中央間(武蔵野線経由)の列車もあった。車両は415系電車のほか、583系電車、EF80、81牽引の客車列車、キハ58系も使用され、国鉄は持てる車両を総動員した。

651系「スーパーひたち」の登場

1989(平成元)年3月11日改正時より651系による「スーパーひたち」が登場し最高130km/h運転が開始され、上野〜水戸間が最短1時間06分運転になった。651系はJR東日本発足後初めての新形式車で、白(ミルキィーホワイト)の車体でタキシードボディーと呼ばれ、基本7両編成と付属4両編成があり、付属編成は上野〜勝田または平間で連結された。651系は2013年3月までにE657系に置き換えられ、一部が直流専用に改造され「草津」「あかぎ」「スワローあかぎ」に転用された。なお、E657系の空席表示ランプ設置工事のため、2013年10月から2015年3月まで「フレッシュひたち」1往復が651系で運転された。

E653系「フレッシュひたち」の登場

651系登場後も主要駅に停車する「ひたち」は485系で運転されたが、北陸(長野)新幹線開通の1997(平成9)年10月1日改正時からE653系による「フレッシュひたち」が登場した。普通車だけの7両編成および4両編成があり、11両編成または基本編成2本併結の14両編成で最高130km/hで運転された。編成によって先頭と車体側面下部の塗色が異なった。1998年12月までに485系の置き換えを完了し、主要駅停車型はすべて「フレッシュひたち」になった。E653系はE657系の登場で新潟に転属し「いなほ」に使用され、北陸新幹線金沢開業後は「しらゆき」にも使用されている。

新系列電車の登場と特別快速の運転

2002年3月から新系列電車E231系が常磐快速線へ投入され、4年間かけて103系を置き換え2006年3月に103系「青電」は引退した。E231系の交直流版E531系は2005年7月から常磐線中距離電車への投入がはじまり415系500番台および700番台を置き換え、2007年3月にE531系への置き換えを完了し、同時にグリーン車が連結された。それに伴い4ドアロ

ングシートの交直流E501系(1995年登場)は土浦以北の運用になった。

特別快速は2005年7月9日からE531系により上野〜土浦間にデイタイム6往復が運転開始された。これは同年8月24日に開通する「つくばエクスプレス」(首都圏新都市鉄道、秋葉原〜つくば間)への対抗策でもあった。

東日本大震災の被害

2011年3月11日に最大震度M9.0の東日本大震災が発生し、常磐線では浜吉田〜山下間を走行中のED75 1039(仙台総合鉄道部)牽引の上りコンテナ貨物列車が津波の直撃を受け100m流されて脱線、横転し、新地停車中のE721系上り普通電車が津波で押し流された。福島第一原子力発電所の爆発で半径30km以内が立ち入り禁止となって久ノ浜〜鹿島間70kmは被害の調査すらできなかった。復旧に際し被害の大きかった駒ヶ嶺〜浜吉田間のうち約14.6kmが新線となり、新地、坂元、山下の3駅は内陸に移設された。2020年3月14日に最後の不通区間富岡〜浪江間が復旧し、常磐線全線が復旧した。

E657系の登場

東日本大震災の翌2012年3月17日改正時からE657系が登場し、翌2013年3月から「スーパーひたち」「フレッシュひたち」とも全列車がE657系となった。正面は丸顔の柔らかなスタイルで塗色は白に赤帯だが、赤は紅梅色で水戸偕楽園の梅のイメージである。

10両固定編成で途中の分

割・併合はなくなった。2015（平成27）年3月14日の上野東京ライン開通時に「スーパーひたち」（速達型）は「ひたち」に、「フレッシュひたち」（主要駅停車型）は「ときわ」に改称されている。

上野東京ラインの開通

　2015年3月14日に上野東京ラインが開通し、東海道線と高崎線、東北線（宇都宮線）の直通運転が開始され、常磐線は快速、中距離電車の一部が品川まで乗り入れた。特急「ひたち」「ときわ」はデイタイム全列車および朝、夕方、夜間の一部列車が品川まで延長され、同時に常磐線中距離電車と東海道、横須賀線のグリーン車が1枚のグリーン券で乗れるようになった。

　特急の品川乗り入れはその後増加し、2022年3月12日改正から「ひたち」「ときわ」は平日朝の一部を除き、全列車が品川発着となった。品川～土浦間特別快速は改正前の6往復が2往復となった。

昭和14年3月1日訂補の常磐線（下り）時刻表

上　野　・　水　戸　・　岩　沼　間（下り）

仙臺行	高萩行	久ノ濱行	平行	仙臺行	水戸行	平行	阿字ケ浦行	仙臺行	成田行	平行	成田行	仙臺行	成田行	富岡行	成田行	仙臺行	水戸行	成田行	平行	成田行	原ノ町行	成田行	水戸行	富岡行	成田行	土浦行	不定期	青森行	青森行	平行
213	247	3	257	215	753	217	803	219	911	221	915	223	917	225	919	227	709	921	229	923	231	925	233	235	927	237	1201	201		239

東京〜上野

東京駅で横須賀線113系とならぶ常磐線「赤電」401系。横須賀線は1980年10月から地下線に移り総武快速線と直通し、東京駅地上ホームから姿を消した。◎東京　1973（昭和48）年3月　撮影：山田　亮

東京駅7番線を発車する401系12両の常磐線勝田行電車。8番線（右側）には101系の小田原行臨時電車が停車している。常磐線中距離電車は朝夕1本ずつ東京駅まで乗り入れていたが、新幹線ホーム増設工事のため1973年3月末日限りで乗り入れは中止された。◎東京　1970年代前半　撮影：辻阪昭浩

東京駅に乗入れていた常磐線中距離電車。新幹線ホーム増設工事に伴い1973年3月末日限りで東京駅乗り入れは中止された。◎東京　1973（昭和48）年3月　撮影：山田 亮

1972年10月改正で電車化された特急「ひたち」は5往復のうち上り1本（原ノ町発ひたち1号）が上野～東京間回送線（単線）を利用して東京駅に乗入れた。新幹線ホーム増設工事に伴い1973年3月末日限りで東京駅乗り入れは中止。右側の線路は東京駅の引上げ線。◎東京　1973（昭和48）年3月　撮影：山田 亮

上野〜日暮里

上野駅で発車を待つ常磐線経由成田線直通のC58形牽引の客車列車。成田線は1969年3月まで蒸気機関車が使用されており、朝夕を中心に走っていた成田線直通列車は上野駅を発着する最後の蒸気機関車列車であった。
◎上野
1959（昭和34）年10月25日
撮影：宮地 元（RGG）

上野駅の高架ホームを発車した気動車準急「ときわ」。1958年6月1日に上野〜平を3往復運転する形で走り始めた準急「ときわ」は、徐々に運転本数を増やしていき、1961年10月には7往復運転にまで成長した。また1962年からは451系電車が投入され、年々電車運転の本数が増えていき、写真の撮られた1964年初頭には既に平まで電化が完成しており、5.5往復が電車で、残り2往復が気動車であった。水郡線直通の準急「奥久慈」との併結があるため気動車運転はこの後も残された。
◎上野
1964（昭和39）年3月
撮影：荒川好夫（RGG）

上野駅高架ホームに到着するEF80 28（田端機関区）が牽引する上り普通列車。常磐線客車列車は電化翌年の1962年夏からEF80が投入され、1962年10月から全面的にEF80牽引となった。この列車は光線状態から仙台発普通224列車（仙台6：02〜上野15：46）で郵便荷物車スユニ60を機関車次位に連結している。
◎上野
1965（昭和40）年10月1日
撮影：辻阪昭浩

上野駅17番線に「いなほ」として到着し、列車名を「ひたち」に付け替えて平へ向かう。「ひたち」は漢字で書くと常陸（茨城の旧国名）で列車名表示にも小さく漢字で記されていた。写真右側に115系近郊型電車が停車している。
◎上野　1970（昭和45）年5月　撮影：山田 亮

上野駅での試作交直流電気機関車ED46とディーゼル特急「はつかり」の並び。ED46は1959年に日立製作所で製造された交直流電気機関車の試作機で重量を抑えるために1台車1電動機方式で水銀整流器を使用した。ED46の量産型が常磐線用EF80で、1台車1電動機方式でシリコン整流器を使用。
◎上野　1961（昭和36）年6月　撮影：辻阪昭浩

常磐線の実質的な起点となる上野駅に揃った常磐線の列車たち。右から10番線には453系の急行「ときわ9号」平行き、
12番線は103系の快速取手行き、17番線はEF80形牽引の客車列車の普通平行き、19番線は485系特急「ひたち13号」だ。
この時、20番線は既に新幹線工事のため既に解体されている。
◎上野　1982（昭和57）年11月6日　撮影：森嶋孝司（RGG）

早朝の上野駅19、20番線に並ぶ20系寝台特急「ゆうづる」。右が5時55分に19番線到着の「ゆうづる2号」のナハネフ22。左が6時00分に20番線到着の「ゆうづる3号」のナハネフ21。ナハネフ21は座席車ナハフ21を寝台車化した車両。ナハネフ21の貫通ドアが開かれ、尾久への推進回送のため簡易運転装置がセットされている。「ゆうづる」は1976年10月から24系客車となった。◎上野　1976（昭和51）年8月

東北本線、高崎線、常磐線の実質的な始発駅で北の玄関口となっている上野駅。その正面玄関口にある駅本屋は鹿島建設によって建てられ1932年に落成した。駅舎内には駅長室や貴賓室、駅事務室、長距離切符売り場、大会議室など様々な施設が入っていた。現在は駅務室は別の場所へ移動し、駅舎内にはアトレ上野が入居している。撮影した1ヶ月後の1970年12月には駅舎上部に「上野駅 UENO STATION」の駅名看板が設置されている。写真右側後方で大連絡橋が工事中。◎上野　1970（昭和45）年11月7日　撮影：荒川好夫（RGG）

写真1番手前の線路を走り上野駅へ到
着した青森からの583系寝台特急「ゆう
づる」は車両整備のため東北本線にあ
る尾久客車区や東大宮操車場へ引き上
げる。その際、営業列車とは違う線路
を走る「ゆうづる」の姿を見るとこが
できる。昼夜行兼用車である583系は車
庫に着くと寝台設備を解体格納し、昼
行特急として再び上野駅へ姿を現す。
◎鶯谷〜日暮里
1981（昭和56）年7月2日
撮影：荒川好夫（RGG）

上野〜日暮里間は線路が10本並ぶ5複線となっており、特に日暮里駅手前で京成電鉄本線がこの線路を越えると12本の線路が並ぶ。写真奥に見える芋坂跨線橋やこの写真を撮っている御隠殿坂跨線橋からはこれらの壮観な眺めを見ることができる。また、この区間の東北本線と常磐線は1906（明治43）年には分離して運転されていたようだ。車両は103系快速取手行き。◎鶯谷〜日暮里　1981（昭和56）年7月2日　撮影：荒川好夫（RGG）

日暮里～南千住

常磐線の近距離電車いわゆる国電が運転を開始したのは1936年で当初は上野〜松戸で運転されていた。それが取手まで延びたのは戦後の1949年のことであった。当初は2〜3両ほどで取手まで延びた頃には最大で7両編成となっていた。電車は長らく3扉の車両が多く使われていたが、1968年の春にようやく4扉車の73形に統一された。写真左側に見えるホームは東北・高崎線用のホームで東北新幹線工事のために後に撤去されることとなる。右側には上り客車列車が到着し、かつぎ屋のご婦人の姿も見える。千葉、茨城から都内へ毎日のように通う。野菜、果物などの行商の女性は常磐線（成田線）名物だった。◎日暮里　1968（昭和43）年3月　撮影：牛島 完（RGG）

常磐線の起点はここ日暮里であるが、全列車が東北本線へ乗り入れるため起点駅としての影は薄い。日本鉄道土浦線として開業した当初の起点は田端駅で現在の東北本線には大宮駅向きに合流していた。そのため上野直通列車はスイッチバックしなければならず、不便なため現在の本線である支線が1905年に建設された。この時に日暮里駅は三河島駅とともに開業している。その後、日本鉄道は国有化され起点が日暮里へ移されたようだ。また当初の田端へ向かう線路は現在、貨物支線として残っている。◎日暮里　1976（昭和51）年頃　撮影：小野純一（RGG）

隅田川の水運との連絡駅として、開業した隅田川駅。東京は江戸の時代から水運が盛んであり、水運を意識した貨物駅は他にも秋葉原駅や汐留駅、飯田町駅など都内にいくつか存在したが、隅田川駅は特に取扱量が多かった。水運への荷役は隅田川から延びた水路が線路の横まで伸びていて、そこで直接船へ貨物を載せ替えできるようになっていた。写真左側にある２つのコンテナホーム付近一帯に船溜まりがあった他、右側の屋根のある荷物ホーム付近やその奥の倉庫辺

りにも水路が数本が延びており、線路と水路がそれぞれくし状に交わり、荷役にはガントリークレーンなども使われていた。戦後、水運が衰退すると水路は埋め立てられ、現在では隅田川に小さな入江が残るのみとなっている。
◎隅田川　1981（昭和56）年10月24日　撮影：荒川好夫（RGG）

宅配便がまだ普及してない頃は鉄道小荷物がその任にあたっていた。駅へ荷物を持ち込み、鉄道で運び、受け取りは駅留めか配送かが選べた。都内各地の駅で集められた荷物や地方から都内への荷物は隅田川駅や汐留駅で仕分けられて、荷物列車に積み込まれた。鉄道小荷物は現在では考えられないほどぞんざいに扱われるため、しっかりと梱包し紐で結ばなければならなかった。これは隅田川駅での小荷物の荷捌き風景。年末はここ一帯が小荷物で埋め尽くされたという。
◎隅田川　1981（昭和56）年10月24日　撮影：荒川好夫（RGG）

隅田川駅を発車するEF58形牽引の荷物列車。小荷物輸送は貨物ではなく、旅客扱いであった。そのため旅客車のような形の荷物車が多かったが、それまでのバラ積みから作業効率向上のためパレット輸送にも対応させるために一見、貨車のような荷物車も登場した。それがスニ40、スニ41、マニ44形であった。またそれらにそっくりな荷貨物兼用車のワキ8000形やワサフ8000形も登場した。この2形式は貨車ではあるものの客車と同じように暖房管が設置されていて客

車列車に組成されることも多々あった。写真の荷物列車にもワサフ8000形が2両連結されており、後ろの青い車両は20系客車と併結し、寝台特急「北星」で運用可能なタイプだ。
◎隅田川　1981（昭和56）年10月24日　撮影：荒川好夫（RGG）

隅田川貨物駅で入換えを行うDD11 2（田端機関区）。DD11型ディーゼル機関車は1954年に当時の気動車用エンジン（160馬力）を2台搭載して登場した入換用機関車。◎隅田川　1954（昭和29）年11月　撮影：竹中泰彦

南千住〜松戸

南千住〜北千住間の隅田川橋梁を渡った寝台特急「ゆうづる」。常磐線の電気機関車は電化後長らくEF80形が主に走っていたが、1980年頃になるとEF81形が常磐線にも進出してきた。牽引機のEF81形81号機は田端機関区の機関車だが、新製配置は富山第二機関区で1979年度に内郷機関区へ転属となりEF80形を置き換えている。この81号機だが、撮影翌年の1985年に開催された国際科学技術博覧会（つくば科学万博）への御召列車牽引機として抜擢されている。
◎北千住〜南千住　1984（昭和59）年5月6日　撮影：高木英二（RGG）

北千住駅は東武鉄道伊勢崎線との連絡駅であり、貨物連絡もしていた。当時の国鉄ホームは1面2線で、その両側に貨物などの待避線が上下1本づつある配線だった。写真右側に東武鉄道伊勢崎線の北千住駅があり、両者の間に貨車の渡り線があった。1980年代前半に行われた荒川堤防かさ上げ工事により、当駅もかさ上げされて配線が現在と同じ2面3線となった。◎北千住　1977（昭和52）年頃　撮影：小野純一（RGG）

荒川鉄橋への築堤にさしかかるキハ55系準急「ときわ」。先頭のキハ26は赤とクリームの国鉄急行色になっている。周囲はいかにも下町然とした風景が広がる。◎北千住〜綾瀬　1960（昭和35）年1月　撮影：辻阪昭浩

荒川鉄橋を渡るキハ55系準急「ときわ」。ディーゼル準急「ときわ」は1958年6月に上野〜平間に3往復が運転開始され、すでに準急「日光」で高速運転を行っていたキハ55系を使用した。右側は東武鉄道伊勢崎線の荒川鉄橋が平行している。
◎北千住〜綾瀬
1960（昭和35）年1月
撮影：辻阪昭浩

荒川橋梁を渡る上野発12時36分の普通223列車仙台行。都内から発車する最後の客車普通列車だった。
◎北千住〜綾瀬　1981（昭和56）年9月8日　撮影：高橋義雄

まだ複々線工事着工前の複線時代の綾瀬～亀有。ここはこの後の工事で大きく変貌と遂げて、現在は綾瀬駅構内になっており、送電線の位置関係からちょうど37ページ下の写真の位置に近いように思える。綾瀬駅は当時、現在の位置から250m日暮里方に位置しおており、高架複々線の際に移動してきた。千代田線・常磐緩行線の線路は山側に増設された。ちょうどD51形蒸気機関車牽引の貨物列車が通過していく。
◎亀有～綾瀬　1962（昭和37）年10月28日　撮影：荒川好夫（RGG）

千代田線開業前までは国鉄管轄の駅だったが、1971年4月からは帝都高速度交通営団管轄の駅となった綾瀬駅。千代田線の起点駅で、当初は綾瀬駅から伸びた車庫線だった線路は1978年に旅客化され、3両編成の綾瀬〜北綾瀬限定の区間列車が運転された。当初は2・3番線（Ｃ線）から発車していたが、1985年に0番線（Ｄ線）が完成し、そこからの発着に変更された。当駅は元々、現在の駅中心よりも日暮里方に250m移動した位置にあったが、高架複々線工事に伴い移動した。また工事途中には現在の千代田線施設を常磐線の本線として使用していた時期もある他、千代田線綾瀬〜北千住間開業直前には高架上の現在の快速線には仮設ホームが設置されていたという。
◎綾瀬　1986（昭和61）年5月16日　撮影：荒川好夫（RGG）

1974年に池袋〜銀座一丁目間で開通した営団地下鉄有楽町線は当初、列車検査や清掃作業などの軽い検修作業のできる飯田橋検車区を設けたのみで月検査や一部の列車検査などは回送連絡トンネルで接続している千代田線の綾瀬検車区や綾瀬工場で行われていた。また新車で導入された7000系は常磐線経由で綾瀬工場に搬入し整備され、試運転を千代田線で行った。なお全般検査は本格的な車両基地である和光検車区や新木場検車区が開設された現在でも綾瀬工場で行われている。写真の試運転列車が走る綾瀬〜北千住間は緩行線側は営団所有の千代田線となっているが、元々国電停車駅だった綾瀬駅を考慮して運賃計算上では営団運賃の他に、場合によっては国鉄運賃で計算される特例区間となっている。
◎綾瀬〜北千住
1974（昭和49）年頃
撮影：荒川好夫（RGG）

江戸川を渡り、千葉県から東京都へ入ったEF65形500代牽引の貨物列車。1973年に武蔵野線が開業すると隅田川駅や小名木川駅など発着の貨物列車の一部が武蔵野線経由となり、南流山で分岐する武蔵野線馬橋支線を通って常磐線の直流区間にも直流電気機関車が多く走行するようになった。
◎松戸〜金町　1987（昭和62）年2月25日　撮影：松本正敏（RGG）

上野駅〜日暮里駅〜北千住駅周辺（昭和5年）

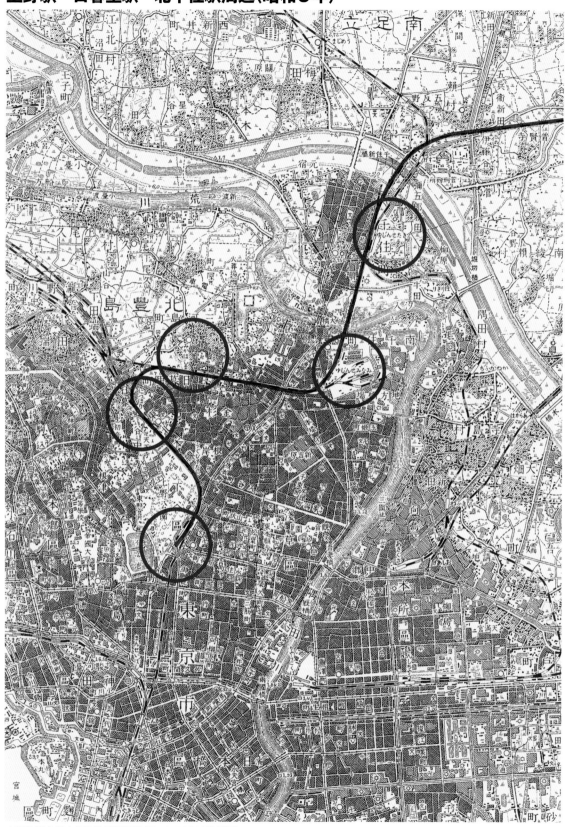

帝国陸軍参謀本部陸地測量部発行　1/50000地形図

金町駅～北小金駅周辺（昭和5年）

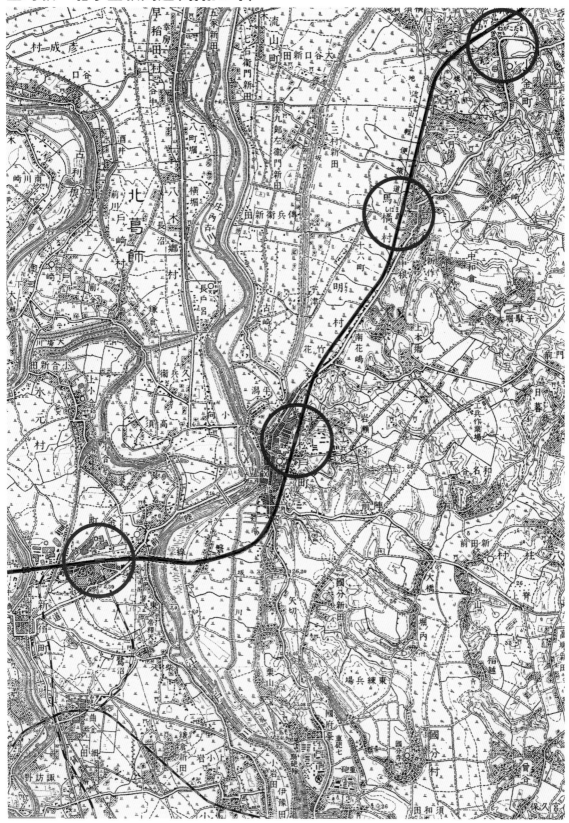

帝国陸軍参謀本部陸地測量部発行　1/50000地形図

複々線化された緩行線を行く103系1000番代の我孫子行。金町は新金線（新小岩〜金町間貨物線）との分岐があるため構内が広い。この先で江戸川橋梁を渡る。◎金町　1979（昭和54）年3月8日　撮影：長谷川 明

事業用車クモヤ143に挟まれて工場へ回送される103系。◎松戸　撮影：高橋義雄

203系の導入により余剰となった常磐緩行線の103系1000代は一部が105系に改造されたり、東西線直通用として中央・総武緩行線へ転属をしたが、それ以外の車両は常磐快速線へ転用された。それまでの灰色8号の青緑1号帯から青緑1号の1色塗りへ変更されたほか、冷房化も実施された。これらの車両はE231系が導入されるまで活躍した。
◎北松戸〜松戸　1987（昭和62）年4月4日　撮影：高木英二（RGG）

国鉄の大都市近距離電車の愛称であった国電に変わる愛称として導入された「E電」。首都圏の電車特定区間を走る電車の愛称として登場したが、一般にはそれほど浸透しなかった。愛称名制定直後には「E電」と描かれたヘッドマークを掲げた列車がE電各線で運転された。このE電という愛称は一応は現在も存在する言葉だ。
◎松戸〜金町　1987（昭和62）年5月29日　撮影：松本正敏（RGG）

松戸～柏

馬橋を通過するＣ62 7（尾久機関区）牽引の上り客車特急「はつかり」。画面左側から流山電鉄（現・流鉄流山線）が分岐している。現在では駅周辺の風景は一変している。◎馬橋　1961（昭和36）年4月　撮影：竹中泰彦

EF80牽引の仙台発隅田川行荷物列車。複々線化の完成間近だが、この列車は電車線（緩行線）を走っている。
◎北小金～馬橋　1971（昭和46）年4月　撮影：山田 亮

キハ81先頭の平発ディーゼル特急「ひたち」。「いなほ」(上野〜秋田間)の間合い運用でアルバイト特急と言われた。「ひたち」の走る線は複々線化後は快速線(列車線)となる。◎北小金〜馬橋　1971(昭和46)年4月　撮影：山田　亮

401系のモーター出力強化車である403系だが、最終増備車編成はこれまでの401系、403系と異なり、屋根上のベンチレーターが押込式になったり客室ドアのステンレス化などが行われた。415系の初期車はこれに似た仕様で登場している。写真の前4両がその403系最終増備編成である。また、先頭車のクハ401-90の屋根上には静電アンテナの後ろ側によく見ると三河島事故を教訓に設置された常磐線列車無線のアンテナが設置されているのがわかる。この無線アンテナは常磐線の上野・田端(操)〜取手間を走行する全ての列車に設置義務があったが、1986年11月に国鉄全線で列車無線が導入されたことで役目を終えた。◎馬橋〜新松戸　1982(昭和57)年8月19日　撮影：森嶋孝司(RGG)

上野で折り返し相馬行き急行「ときわ5号」となるの453系11両編成の送り込みを兼ねた勝田発上野行きの普通列車。グリーン車が2両連結されているが、グリーン券なしで乗車できる乗りトク列車だった。このような急行形を使用した普通列車はこれ以外にも勝田・土浦〜上野間で朝方や深夜帯に数本設定されていた。
◎南柏〜北小金　1982（昭和57）年8月19日　撮影：森嶋孝司（RGG）

415系500代を先頭に走る常磐線下り普通列車。常磐線の混雑緩和を目的にロングシート車で登場した415系500代は製造時から冷房車として落成しており、窓はユニットサッシとなっている。また最初の12両編成は国鉄近郊形交直流電車色で登場しているが、13両編成以降からはクリーム10号に青20号帯で落成するようになった。
◎北小金〜南柏　1982（昭和57）年8月19日　撮影：森嶋孝司（RGG）

常磐線の複々線化が完成するまでは近距離電車の各駅停車（国電）と中距離電車や長距離列車、貨物列車などが同じ線路を走っていた。当然ながら現在は緩行線にホームのある綾瀬や亀有、金町、北松戸、馬橋、北小金、南柏の各駅も中距離電車や長距離列車と同じ線路にホームが設けられていた。また1966年からは常磐線の近距離電車は基本編成が7両。付属編成が3両の10両編成での運転が開始された。その後、1968年の73形統一により通勤形旧型電車による10両編成運転が行われるようになった。これは常磐線国電区間だけでしか見ることができない光景であった。
◎北小金〜南柏　1971（昭和46）年2月　撮影：荒川好夫（RGG）

複々線化工事の最後の追い込みが行われている常磐線を行く旧型国電10両編成の上野行。写真奥は柏駅で1971年の複々線化時は快速線（列車線）にホームがなかった。◎柏　1971（昭和46）年2月　撮影：山田 亮

柏〜取手

東武鉄道野田線との連絡駅である柏駅は千葉県北西部の中心部であり、東の渋谷などと呼ばれることもある。常磐線のホームは快速線、緩行線それぞれ1面2線づつで待避線は無いが、緩行線は当駅での千代田線方面への折り返しに対応するため取手方にY線が設置されている。複々線化前は貨物扱いがなされ、東武鉄道との貨車の授受（これは複々線化後も1984年まで継続）などもあり、国鉄側の配線はホームの無い中線がある相対式2面3線で岩沼方に電車用のY線があったが、複々線化時には快速線ホームが設置されていなく、1972年にホームが設置されるまで2年間ほど快速列車が通過していた。千代田線からやってきた緩行線の103系1000代の各駅停車が駅に到着する。
◎柏　1982（昭和57）年8月19日
撮影：森嶋孝司（RGG）

緩行線千代田線直通の103系1000代、代々木公園行きが北柏駅を出てすぐのカーブをまがる。千代田線は1969年12月20日に北千住〜大手町間が最初に開業し、1971年4月20日に綾瀬まで延伸され常磐線と直通運転を開始した。代々木公園へは1972年10月20日に開業し、代々木上原まで全通したのは1978年3月31日と最後の1区間の開業に6年ほど開きがあった。この北柏駅付近には複々線化時に柏駅から貨物駅機能が移転されている。
◎北柏〜柏　1977（昭和52）年頃
撮影：小野純一（RGG）

103系1000代の後継車として登場した203系は201系をベースとして開発されたが、車体はアルミ製で車体は無塗装であったが車体側面や前面には青緑1号の帯が入る。製造時期で0代車と100代車に分けることができ、特に100代は1985年から製造されたため205系の影響も受け、台車がボルスタレス台車に変更になった他、細かい変更点が多々ある。写真は100代車。◎北柏〜我孫子　1985（昭和60）年7月29日　撮影：高木英二（RGG）

東北新幹線開業直前の特急「ひたち」は仙台運転所の485系で運転されており、半数が特急「ひばり」と同じ食堂車付きの12両編成を使用し、もう半分が特急「あいづ」と共通運用の9両編成で運転されていた。東北新幹線開業後の1982年11月改正では全ての「ひたち」が写真のような12両編成で運転されるようになったが、この時に食堂車は外されてし

まった。その後、1985年3月の改正で「ひたち」の受け持ちは仙台から勝田に移され、運転本数は急行「ときわ」を吸収したことで倍増したが編成長は12両編成から11両編成に減車された。
◎天王台～我孫子　1983（昭和58）年11月16日　撮影：荒川好夫（RGG）

日本初の交直流通勤形電車として登場した
E501系。209系をベースに開発されている
が、主回路システムにはドイツ シーメンス
製のものが採用されている。主な特徴とし
てはVVVFインバータ装置の磁励音が音階
のあるように聞こえるもので、加速時だけ
ではなく減速時にも音階が聞こえた。主に
上野～土浦間で運用され、最高速度は
120km/h。オールロングシート4扉15両編
成はまさに常磐快速電車の取手以北（交流
区間）乗り入れ用であった。そのためトイ
レの設置がされてなく、長距離運用には入
らなかった。現在は主回路システムの更新
やトイレの設置などがなされて土浦～いわ
き間で運用されている。
◎我孫子　1997（平成9）年11月8日
武藤邦明（RGG）

1967年12月に登場した青緑1号の103系はその後
2000年代初頭まで常磐線直流区間の主であり続
けた。この塗色は常磐線で初めて採用された新
色で、黄緑と水色の中間色として選定されたと
いわれている。また1987年12月からは103系15
両編成での運転が始まった。それまでの10両基
本編成に5両の付属編成を連結するもので、
近郊形では既に東海道本線や高崎線などで実施
されていたが通勤形電車の15両編成は常磐線が初
であった。60扉が一斉に開閉するのは今でも常
磐快速電車だけだ。
◎我孫子～天王台
1989（平成元）年3月11日
撮影：荒川好夫（RGG）

常磐緩行線の我孫子～取手間で試運転を行うのはＥ991系「TRY-Z」。1994年に登場した交直流試験電車で、勝田電車区に配置された。編成両端の先頭車はそれぞれ形状が異なっており、特に写真でひときわ目を引く仙台方の先頭車クモヤＥ991-1は安全で操縦しやすい理想的な運転台の開発で検討されたデザインだという。走行試験は常磐線を中心に行われ、後に車体姿勢制御の搭載改造を行い中央本線などで本則＋45km/hの曲線通過試験なども行っている。また常磐線松戸～我孫子間では180km/h試験なども行った。なお緩行線の我孫子～取手間は昼間の列車の運行がなく、試運転にはもってこいの環境だった。◎天王台～我孫子　1994（平成６）年11月27日　撮影：松本正敏（RGG）

荷物列車には客車、気動車、電車の３種類があった。しかし交直流や交流用の荷物電車は製造されておらず、荷物電車は直流車だけであったため、常磐線では気動車か客車で運転されており、首都圏の電化幹線を走る２両編成の気動車を見ることができた。写真はキニ55形とキニ58形２両編成の荷物列車で水戸発隅田川行きの34Ｄだ。
◎取手〜天王台　1982（昭和57）年８月19日　撮影：森嶋孝司（RGG）

211系のような出で立ちの415系1500代は1986年に登場した。車体部分は211系と同じ構造となっており、それまでの415系とは印象が大きく異なるが、従来の415系などとの併結を考え、車両性能やブレーキ関係などは500代や700代とほぼ同じになっている。また台車は211系などと同様にボルスタレス台車を履いている。なお車内が500代に準じたオールロングシート車は1500代、700代に準じたセミクロスシート車は1700代となっているが、1700代はサハ車が１両製造されるにとどまった。◎取手〜天王台　1986（昭和61）年６月９日　撮影：荒川好夫（RGG）

利根川鉄橋を渡る401系の上野行「赤電」12両編成。写真左側に使用されなくなった旧上り線が見える。
◎取手～天王台　1983（昭和58）年頃　撮影：辻阪昭浩

D51 49が牽引する下り貨物列車。ホーム反対側に常総筑波鉄道（現・関東鉄道）常総線のディーゼル車が停車中。
◎取手　1953（昭和28）年7月　撮影：竹中泰彦

柏駅周辺（昭和5年）

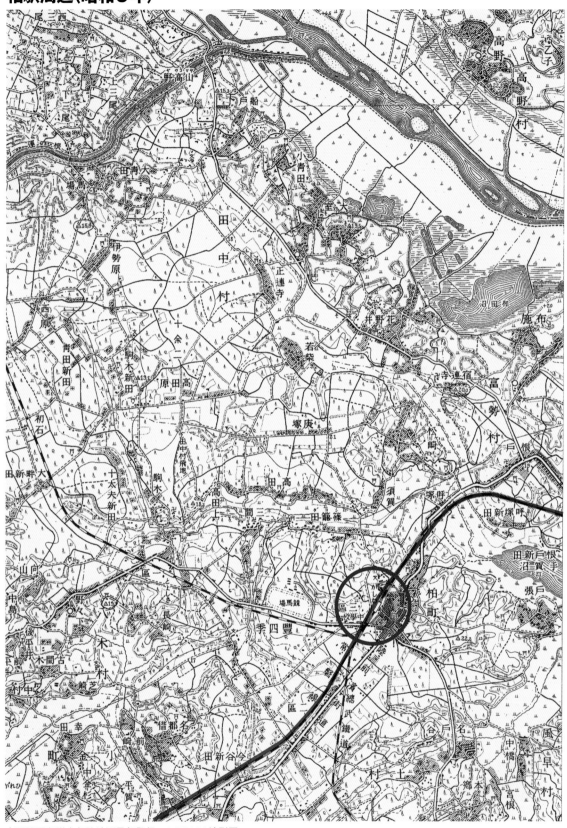

帝国陸軍参謀本部陸地測量部発行　1/50000地形図

我孫子駅～取手駅周辺(昭和5年)

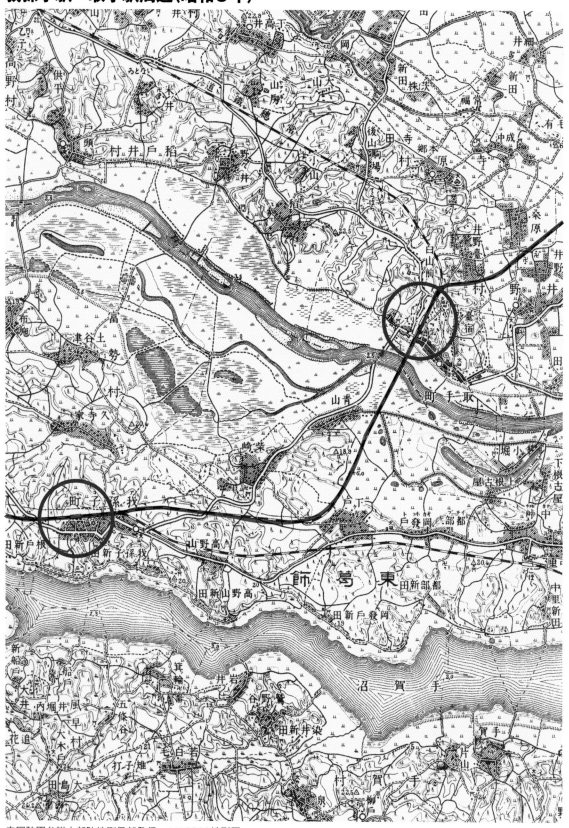

帝国陸軍参謀本部陸地測量部発行　1/50000地形図

『取手市史』に登場する常磐線

日本鉄道土浦線の開通

　茨城県下の最初の鉄道敷設は、日本鉄道会社による明治18（1885）年7月大宮・宇都宮間の開通であった。このおりには茨城県内では古河駅が開通したにすぎなかった。その後鉄道敷設は水戸を中心に進められ、22年1月には水戸鉄道によって水戸・小山間、続いて翌23年11月水戸・那珂川間が開通した。これに対して、現在の常磐線の一部が日本鉄道土浦線として着工されたのは、明治27年11月のことであった。

　この土浦線は、川口（埼玉県川口市）・土浦・石岡・水戸を結ぶ当初計画を、上野から直に松戸を経て根戸（柏市）において当初計画線に結ぶものに変更し、免許を得たものであった。これは、日本鉄道川口から分岐する計画から、より距離を短縮するものに変更した結果であった。この水戸までの区間は、関東平野を北上する陸前浜街道に沿って計画され、平坦部に敷設され、高低差は少なかった。しかし、利根川・江戸川・隅田川や霞ヶ浦湖岸に広がる沼沢地など、多くの障害をかかえていた。なかでも利根川架橋は難工事の1つであり、利根川北岸に位置する取手にとっては、深いかかわりをもっていた。

　工事は、日本鉄道会社水戸建築課長長谷川謹助を総監督に、友部・田端間を3区に分けて進められたが、このうち取手周辺は岸本順吉が担当した。この区間の開通はまず友部・土浦が明治28年11月に開業し、翌29年12月土浦・田端間が開業して、この時取手駅も開業した。そしてその後翌30年12月水戸・平間の常磐線が一応開通し、さらに東北線岩沼側からもしだいに開通区間をのばし、最後に久ノ浜・小高（福島県）間が31年8月に開通した。水戸・友部間は水戸線で結び、ここに上野・岩沼間が全通して、のちの常磐線（明治34年海岸線とする）は全通して東北線に連絡した。

取手駅の開設と町の変容

　土浦線工事では、江戸川・隅田川とともに利根川の鉄橋架設は、難工事の1つであったが、特に利根川の架橋は規模も最大であり、川底の地盤がきわめて軟弱のため橋脚の固定に多くの苦労を要した。

　この工事は、約21メートルから40メートルも河底下に橋脚を沈下させて固定したうえに、60メートル横桁を8連と18メートル鈑桁22連を連結した全長約1000メートル近い大鉄橋を架設するものであった。工事は日本鉄道の東北線で古河・栗橋間に利根川鉄橋を架設した経験者小川勝五郎によって施工された

が、やはりさまざまな困難に遭遇した。しかし、この難工事もようやくにして完工をむかえることができた。永年の利根川架橋の夢は果たされたが、まだこの時期は鉄道のための架橋のみであり、ここの渡船が終わるのは、この後34年を経過した昭和5（1930）年の大利根橋の架橋をまたねばならなかった。

　ともあれ、土浦線は利根川架橋をもって、すでに開通していた水戸・友部間、友部・土浦間に接続し、水戸・上野間の全通となった。そして、この日土浦線取手駅もまた開業にいたった。

　この取手駅は、我孫子から利根川を渡り、鉄路が利根川の河岸段丘である取手台地の突端にかかる位置に設けられた。南東側は低地になり、北側から北西側は台地になっていたから、鉄路は北側の台地を切り通し、その残土をもって低部に盛土をして駅舎が設けられた。この切通しを過ぎると、鉄路は再び次の谷津田のある低地に入り、その北東側の台地に沿って東にむかい、さらに進路を東から北東にかえ、水田のなかをまっすぐに藤代にむかっている。したがって、利根川を渡った鉄路は、南東から北西に形成される取手の町並みを南西から北東へほぼ直角に貫くこととなり、駅舎は町並みの北、長禅寺の西に水田を隔てて位置することとなった。

　この取手の鉄道開通は、すでに利根運河開通によって、汽船による東京直航便が日に4往復していたのに加え、東京との距離を一気に短縮させることとなった。その結果取手は「店の飾附けより商売の遣口も東京じみ」「10年前（明治30年）500戸に過ぎざるものが、今日では714戸、人口3000といふに至った」と評価されるほどに発展していった。すなわち、古くからの渡河点として河川交通との接点にあって発展してきた取手は、近代に入ると利根川水運のいっそうの発展に支えられながら、鉄道輸送の直接的影響をうけて、さらなる発展の機会を得たということができる。

　そのような影響については、すでに前節で述べたように、利根運河の開通した明治23年1月、利根川水運取扱い荷物を対象とした取手商社が設立され、そのうち金融業務が土浦線開通を控えた27年7月に開業した取手銀行に引き継がれていった点にもあらわれていた。またそうした影響は、取手商社・取手銀行にかぎるものでなく、取手石炭合資会社や取手運送株式会社・取手倉庫株式会社などの設立をもたらし、やがて長年の計画であった取手・下館間の常総鉄道を生んだ。常総鉄道は44年に着工し、大正2（1913）

年11月営業を開始することとなったが、これらはいずれも取手が交通運輸上の要地であったことによりもたらされたものであったといえる。

常磐線の電化と交通の発達

　茨城県と東京都を結ぶ国鉄常磐線は、終戦後、毎日の通勤通学者のほか、東京周辺からの買出部隊も加わって、殺人的な混雑状況に陥っていた。1日の乗降客は、3000人余の通勤通学者に買出部隊を合わせて2万人にものぼり、窓からの出入りも日常の光景となっていた。昭和22年ごろの調査によれば、定員80人の車両に平均で430人、朝の上り列車の場合は最高584人にものぼる乗客が数えられた。

　このような状況のなかで、松戸以北の電化延長によって通勤地獄の解消をはかる期成同盟会が、21年1月、取手町の有志によって組織され、翌年1月には同様の目的を掲げた取手通勤通学者会が結成された。そして同年7月には他市町村の通勤通学者と合同の集いが土浦市役所で開催され、常磐線通勤通学者連盟が誕生した。以後連盟は、電化推進の署名運動や町民大会の開催、列車の混雑調査や運輸省・GHQへの陳情などを積極的に推進した。このような利用者の運動は、千葉県・茨城県当局をはじめ、土浦市・取手町・我孫子町・柏町・小金町など沿線自治体の支援によって急速に盛りあがり、翌23年8月には運輸省およびGHQによって松戸ー取手間の電化工事が認められ、9月16日には取手町で盛大に起工式が行なわれた。9月17日付けの『いはらき』は、当時の模様を次のように伝えている。

喜びみつ取手町　きのう電化起工式挙行

　常磐線松戸・取手間鉄道電化起工式は、16日午前11時から、取手町取手女高校講堂で挙行された。

　この日豪雨の中を運輸省関係者、千葉県代表、県選出参衆両院議員、県会正副議長始め各議員等600余名列席、山崎東京地方電気部長、今泉東鉄局長の式辞、茨城県電化促進会長友末知事、千葉県同石橋副知事、常磐線通勤通学者連盟野村委員長等の喜びにあふれる祝辞があって閉式した。

　この間雨の小やみをみて祝の花火が雨天に炸裂し、町の喜びを空に表象していた。

　電化は政府が1億8000万の実行予算で実施するもので、取手に変電所を設置し6輌列車を運転する。今月中には着工し、我孫子と取手の双方から電柱をたて軌道を改修してゆき、明年5月までに完成し、6月1日から開通する予定となっている。

　電化工事は予定どおり順調に進み、24年5月中旬には松戸ー取手間21.7キロメートルの工事が完成、18日に試運転ののち、19日から松戸ー取手間で1日15往復、4両連結の臨時運転を開始した。そして6月1日には1日38往復の本格運転と盛大な開通式が行なわれることになったのである。以下は当日の模様を伝える6月2日付けの『いはらき』の記事である。

取手駅へ待望の省電　きのう盛大な開通祝い

　待望久しかった松戸・取手間の省線電車は、1日から本格的に運転、開通した。この朝4時30分上野駅を発車した一番電車は、数千の地元民に迎えられ取手駅にゴールイン。時に5時24分（所要時間55分）、従来よりも約20分短縮された。日本鉄道公社（前国鉄）ではこの日を記念して盛大な開通式を挙行、取手町も盛沢山な催しものと小学生の旗の波に彩られ、初夏の空高く終日打ち揚げられた花火の音が、大利根の水面に反響しながら対岸の千葉県まで轟きわたり、全町あげて喜びにわきたった。

　開通式は午後1時30分から下山公社総裁、茨城・千葉両県知事、衆参両院議員代表ら約1200名のほか、G・H・QのC・T・S代表らが参集の上、取手第二高校で挙行、C・T・S代表への感謝の花束は、取手小学校1年生染谷和子さんの可憐な手からおくられ、さらに各界代表の感謝の辞があって厳粛に行なわれ、最後に全常磐線の電化実現を宣言して式を閉じた。

本社主催で芸能大会　取手町どっと賑う

　取手駅前の屋外舞台では、本社主催県下芸能コンクール入選歌手発表大会が行われて人気を集め、日の出劇場では県南地方各流華道大会、郷土物産展覧会など数百点の出品物が観客を呼び、駅前の大アーチ、楽団ブルスカイの演奏など、快晴にめぐまれ、取手町は祝賀一色にぬりつぶされて、空前の賑いを呈した。

大助りの通勤者2万人

　取手駅を利用する千葉・東京方面の通勤者約2万人は、省電開通で時間的に大きな苦労から解放された。1日の運転回数は上野・取手間38往復、始発は上下とも午前4時から、終発は下り午後12時、上り午後11時までで、取手町は完全に東京郊外の感に変った。

昭和43年10月改正の常磐線（緩行線）時刻表

昭和44年２月１日改補の常磐線（下り）時刻表（部分）

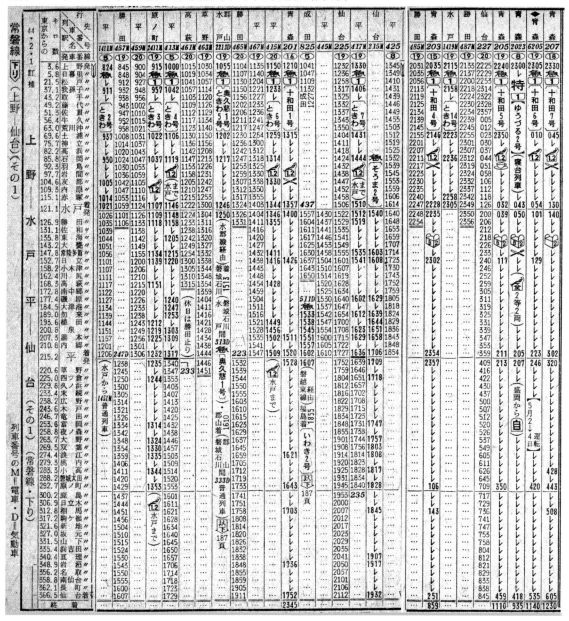

2章
取手〜仙台（交流区間）

EF80 42（田端機関区）牽引の上り急行「十和田4号」。上野〜青森間の急行「十和田2号」（下り、上り）は1977年10月から20系客車となり、座席車としてA寝台車ナロネ21の上段寝台を撤去したナハ21が3両連結された。1978年10月改正以降、列車の「号数」が下り奇数、上り偶数になったため、下り「十和田3号」上り「十和田4号」になった。
◎藤代〜取手

取手〜土浦

常磐線交直セクションのある区間を走行するモノクラス7両編成の485系特急「ひたち」。651系「スーパーひたち」登場後、主に上野〜平間の運用となった485系は7両編成に短縮の上、グリーン車の連結をやめてモノクラス編成となった。しかし上野〜勝田間は特に混雑することから一部列車で2編成を併結して14両編成で運転されることとなり、写真の車両にもあるように併結用のジャンパ管を装備した姿となった。また1992年からは国鉄特急色だった車体色が「ひたち」専用の色へ塗り替えられている。
◎取手〜藤代
1994（平成6）年4月15日
撮影：松本正敏（RGG）

筑波で開かれた科学万博（国際科学技術博覧会）を観覧する昭和天皇のために運転されたお召列車。EF81 81（田端機関区）が1号編成を牽引し、沿線には撮影のため多くのファンが集まった。
◎取手～藤代　1985（昭和60）年4月24日　撮影：山田 亮

1998年9月、東北本線不通で寝台特急「北斗星」のうち2往復が常磐線経由となり沿線には多くのファンが集まった。
EF81 88（田端運転所）牽引の「北斗星6号」。◎藤代～取手　1998（平成10）年9月　撮影：山田 亮

科学万博観覧客のために運転された415系の「エキスポライナー」。「コスモ星丸」を描いたヘッドマークが取り付けられた。◎取手〜藤代　1985（昭和60）年4月24日　撮影：山田 亮

引退間近いEF80もエキスポライナーを牽引した。EF80 44（田端機関区）が牽引する12系客車のエキスポライナー。◎藤代〜取手　1985（昭和60）年9月　撮影：山田 亮

1985年3月改正で九州から転属したクハ481先頭の「ひたち」。山陽、北陸、九州で長年活躍した60ヘルツ用を表す赤スカートのクハ481は「ひたち」増発のため勝田電車区に転属し上野駅に姿を現し関東の電車ファンを喜ばせた。
◎取手〜藤代　1985（昭和60）年4月24日　撮影：山田 亮

キハ58系の「エキスポライナー」。国鉄は持てる車両を総動員し1985年3月改正まで急行「ときわ」に使用されていたキハ58系（水戸機関区所属）も「エキスポライナー」として運行された。グリーン車キロ28も普通車扱いでリクライニングシート目当ての「乗り鉄」でにぎわった。◎藤代〜取手　1985（昭和60）年9月　撮影：山田 亮

科学万博観客輸送の臨時列車エキスポライナーには客車列車もあった。EF81 87（田端機関区）が牽引する12系客車のエキスポライナー。◎藤代〜取手　1985（昭和60）年９月　撮影：山田 亮

651系「スーパーひたち」と415系普通電車のすれ違い。1989年３月に登場した651系は白い車体で「タキシードボディ」と呼ばれ最高時速130km /hで疾走した。◎藤代〜取手　1998（平成10）年９月　撮影：山田 亮

1900年に龍崎鉄道（現・関東鉄道竜ヶ崎線）の接続駅として開業した佐貫駅は常磐線部分は2面3線となっており、中線には下り客車列車が退避している。このとき電化を目前に控えた構内には既に架線柱が立っており、架線（電車線）はまだ張られていないが、負き電線は既に敷設されている。龍崎鉄道は当初、762mmの軽便鉄道で開業したが1915年に1067mmへ改軌されている。◎佐貫　1960（昭和35）年1月5日　撮影：宮地 元（RGG）

上りディーゼル特急「はつかり」。取手〜勝田間交流電化直後に待避する上り客車列車の最後部からの撮影である。辻阪氏のメモに撮影場所の記載はないが、交流区間であること、ホームがカーブしていることから佐貫と断定できる。
◎佐貫　1961（昭和36）年頃　撮影：辻阪昭浩

大きくカーブした佐貫に到着するＣ57 88（水戸機関区）牽引の下り普通列車。画面左側から鹿島参宮鉄
道竜ケ崎線）が分岐している。常磐線佐貫は外房線佐貫町と間違えやすく、地元の要望もあり2020年３月14日改正時か
ら龍ケ崎市と改称された。関東鉄道は佐貫のままで終点も竜ケ崎で変わらない。
◎佐貫　1958（昭和33）年11月　撮影：竹中泰彦

佐貫を発車するＣ60 34（水戸機関区）牽引の下り普通列車。1961年６月の勝田電化後も客車列車および貨物列車は蒸気
機関車牽引のままで、翌1962年10月に交直流電気機関車EF80になった。
◎佐貫　1961（昭和36）年４月　撮影：竹中泰彦

常磐線は全線電化され、特急も気動車も主に電車で運転されていた。しかし常磐線から枝分かれしていく路線には非電化路線もあり、その路線直通の列車などは気動車で運転されていた。特に急行「奥久慈」は郡山・磐城石川を水郡線経由で上野と結ぶ気動車急行列車で、上野～水戸間は常磐線を走行する。その際に常磐線の急行「ときわ」と併結し運転されたため、「ときわ」側も電車ではなく気動車で運転されて架線下の長大気動車急行をみることができた。
◎牛久～佐貫　1985（昭和60）年2月24日　撮影：高木英二（RGG）

藤代を通過し小貝川橋梁さしかかる483、485系特急「ひたち」。藤代～佐貫間は2.1kmと短く、加速の遅い蒸気列車の時代はこの駅間はノロノロ運転だった。
◎藤代～佐貫　1976（昭和51）年5月
撮影：長谷川　明

1985年に開催された国際科学技術博覧会（つくば科学万博）には多くの人が訪れ、国鉄では牛久～荒川沖間に臨時駅の万博中央駅を開設し、シャトルバスとの連絡輸送を行った。これのアクセス列車として運転されたのが、臨時快速「エキスポライナー」であった。万博中央駅は常磐線交流区間に設置され使用できる車両が限られたため、20系客車や583系などを使用した列車もあった。写真は415系を使用した列車でヘッドマークにはつくば科学万博のキャラクターであるコスモ星丸が描かれていた。
◎牛久～佐貫　1985（昭和60）年4月24日
撮影：高木英二（RGG）

1960年12月にディーゼル化されたキハ81先頭の特急「はつかり」。この付近は丘陵地帯を緩いカーブで抜けていたが、現在では丘陵は切り開かれ宅地化されている。◎荒川沖～土浦　1961（昭和36）年4月　撮影：竹中泰彦

黄色に赤帯の準急色キハ55系の上りディーゼル準急「ときわ」（後追い撮影）、前から2両目が1等車キロ25で、赤帯ではなく1等を表す青帯だった。最後部はキハ55の1エンジン車であるキハ26。常磐線の区間は平坦地のため1エンジン車のキハ26運用が中心だった。◎土浦～荒川沖　1961（昭和36）年4月　撮影：竹中泰彦

ディーゼル化された下り特急「はつかり」。「はつかり」は1960年12月のディーゼル化当初は慎重を期して蒸気列車時代と同じ時刻で運転されたが、故障が頻発し「事故ばっかり」などとマスコミに叩かれた。尾久客車区検修陣の懸命な努力で次第に収まり、翌1961年3月からスピードアップされた。
◎荒川沖〜土浦　1961（昭和36）年4月　撮影：竹中泰彦

常磐線取手〜勝田間交流電化で投入された401系交直流電車。水戸は同じ北関東の高崎、前橋、宇都宮と比べ電化が遅れていたが、401系電車の登場で水戸と東京は近接感が増して便利になった。
◎荒川沖〜土浦
1961（昭和36）年夏頃
撮影：竹中泰彦

土浦に近づくC60牽引の下り普通列車、機関車次位は狭い窓がズラリとならぶスハフ32形。◎荒川沖〜土浦　1961（昭和36）年4月　撮影：竹中泰彦

藤代駅～牛久駅周辺（昭和5年）

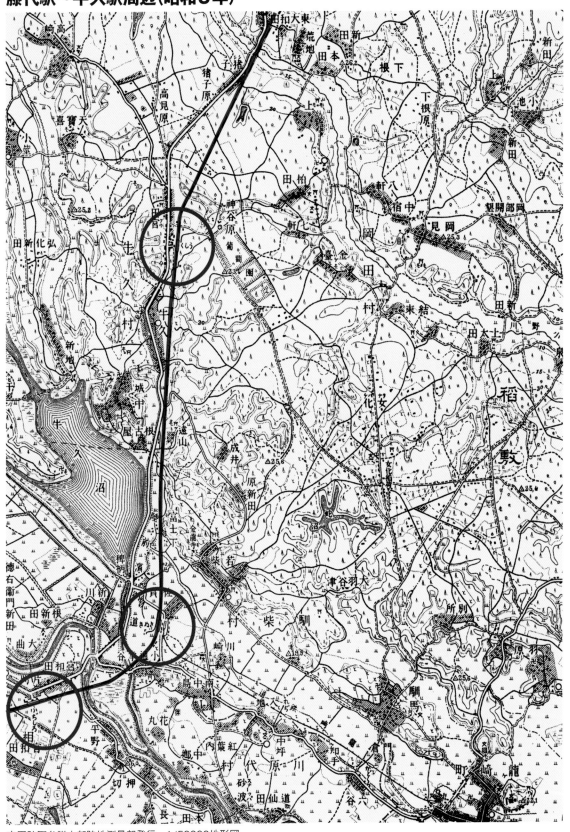

帝国陸軍参謀本部陸地測量部発行　1/50000地形図

荒川沖駅～神立駅周辺（昭和5年）

帝国陸軍参謀本部陸地測量部発行　1/50000地形図

万博会場周辺の宿泊施設不足を補うために運転されたエキスポドリーム号。運転区間は土浦～万博中央間の約9kmで普通列車扱い。この区間の有効乗車券があれば、寝台料金3000円を払えば誰でも乗車できた。土浦を21：47に発車すると列車は土浦駅電留線に引きあげて翌朝に出庫し、07：43に土浦駅へ再度入線。その後07：53に発車し、途中の荒川沖は通過して万博中央駅へは08：03に到着する列車であった。写真の583系の他に20系客車を使用した日もあった。
◎土浦～荒川沖　1985（昭和60）年9月6日　撮影：荒川好夫（RGG）

1983年から勝田電車区の401、403、415系はこれまでの近郊形交直流電車標準色からクリーム10号を地色に青20号帯を巻いた塗色へ順次変更された。これは1985年に開催された国際科学技術博覧会（つくば科学万博）へ向けてのイメージアップとして行われ、開催直前までに全編成の塗色が変更された。これにより常磐線中電区間は青20号がラインカラーとして定着することとなった。401系の先頭車クハ401形は22番までが低運転台で登場し、一部車両はヘッドライトがシールドビーム化改造がなされ、車体外装の変化と相まってイメージが大きく変わった車両もあった。
◎石岡〜高浜　1985（昭和60）年7月29日　撮影：高木英二（RGG）

準急「ときわ」は1955年にキハ17系を使用した快速「ときわ」「つくばね」が前身で、当時の優等列車が東北や青函連絡船への連絡輸送を意識したダイヤとなっており、線内利用がしにくかったため、たちまち人気になり1958年に登場した。他線区の気動車準急は準急で統一されるような列車もあったが、「ときわ」では気動車の準急色以外にも急行色も連結されていた。写真は土浦駅を発車し、水戸へ向けて加速しているところで、この付近は現在、土浦駅電留線になっているあたりである。
◎土浦
1960（昭和35）年4月17日
撮影：伊藤威信（RGG）

下り「はつかり」の通過後まもなく上り準急「ときわ」が近づく。撮影者辻阪氏のメモに撮影場所の記載はないが、当時の時刻表で両者のすれ違い時刻を推定すると石岡付近となる。「ときわ」の先頭はキハ51（キハ17の2エンジン型）。車体幅の狭いキハ17系に属するキハ51が国鉄準急色になってキハ55系とともに「ときわ」に使用された。同様のケースは関西本線「かすが」でも見られた。◎石岡　1959（昭和34）年11月　撮影：辻阪昭浩

後追いで撮影された客車特急「はつかり」の最後部スハフ43。スハフ43は特急用スハ44の緩急車（車掌室付）で当初は山陽特急「かもめ」に使用。1957年に「スハ44の一方向き座席を回転式に改造するまで」の条件で「かもめ」はナハ11となり、スハ44、スハフ43は東鉄（東京鉄道管理局）に転属したが、二度と門鉄（門司鉄道管理局）に戻ることはなく、不定期「さくら」を経て「はつかり」に1958年10月から使用された。◎石岡　1959（昭和34）年11月　撮影：辻阪昭浩

クハ451-16を先頭に上野へ走る急行「ときわ12号」。仙台駅を普通列車として発車した列車は原ノ町駅までは普通列車として走り、そこから急行列車として上野を目指した。抑速ブレーキを装備していない451, 453系は455系が登場すると勾配の多い東北本線は避け、割と平坦な常磐線の優等列車用として活躍した。グリーン車が2両連結された急行「ときわ」であったが、この翌年の1985年3月改正で特急「ひたち」へ格上げ吸収され、一時期列車名が消滅することとなる。◎内原〜友部　1984（昭和59）年6月30日　撮影：高木英二（RGG）

415系基本番代の初期車3編成は403系最終増備編成に準じた車体構造となって415系では少数派の非ユニットサッシやデカ目のヘッドライトになっている他、製造時は非冷房で登場し後に冷房化された。写真の先頭車はクハ411-304でまさにその初期車で、新塗装への塗り替え過渡期のため、近郊形交直流電車色のいわゆる赤電に新塗装の白電が挟まれている様子がわかる。◎内原〜友部　1984（昭和59）年6月30日　撮影：高木英二（RGG）

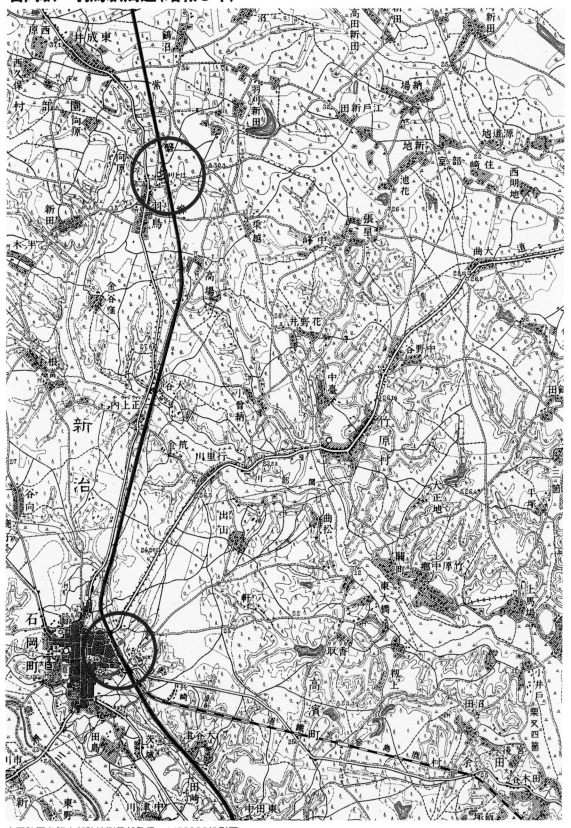

帝国陸軍参謀本部陸地測量部発行　1/50000地形図

岩間駅～友部駅周辺（昭和5年）

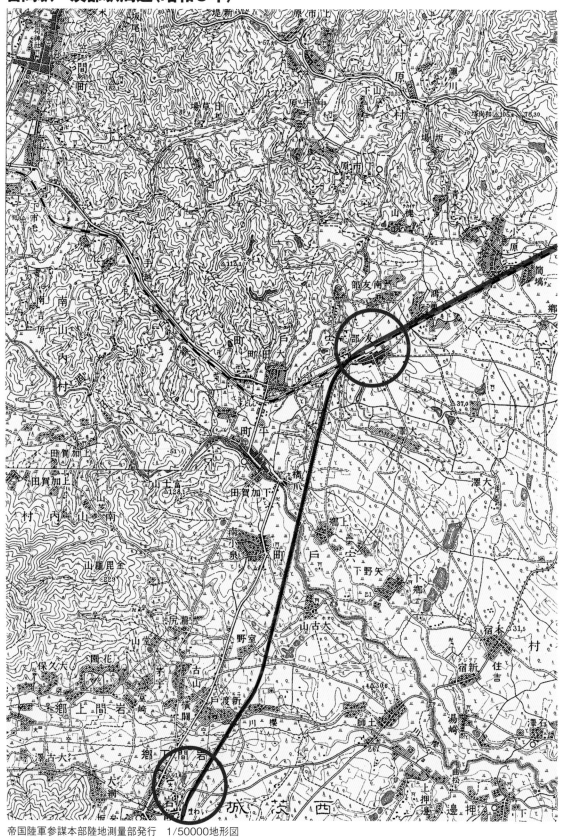

帝国陸軍参謀本部陸地測量部発行　1/50000地形図

水戸に到着するC57 63（平機関区）
牽引の上り上野行普通列車。取手
〜勝田間交流電化の直前で最後の
仕上げ工事が行われている。写真
左後方で水郡線が分岐している。
◎水戸　1961（昭和36）年5月
撮影：竹中泰彦

『牛久市史』に登場する常磐線

明治3年、政府は鉄道掛を設置した。同掛りは4月には東京・横浜間鉄道の、8月には大阪・神戸間鉄道の測量を開始した。東京・横浜間では5年6月に品川横浜間鉄道を仮開設している。先だつ4月には鉄道略則が定められ、早々5月の改正を経て、10月には新橋横浜間鉄道の開業式が挙行された。わが国最初の鉄道である。なお旅客、貨物とも先立つ9月に運輸は開始していた。同路線は明治10年の西南戦争時には兵士を輸送している。大阪・神戸間は翌4年には阪神鉄道石屋川トンネルが完成し、7年5月に開通した。このころは鉄道開設反対の世論がしきりであったという。京都・大阪間も明治6年暮れには建設がはじまり10年3月には全線開通した。このころ鉄道建設は外国の技術者に依存していた。しかし明治13年の京都大津間鉄道開通以降は日本人だけでの敷設が可能となった。

かくて翌14年には民間の日本鉄道会社が設置された。13年出願の東京馬車鉄道会社を別にすれば日本最初の私鉄会社である。同社は翌14年には川口前橋間の鉄道敷設着工指令を政府から受けた。民間鉄道業の開始である。政府は16年、先の鉄道略則・鉄道犯罪罰例を私鉄にも適用した。これを踏まえて日本鉄道会社は上野・熊谷間を仮開業する。高崎まで開通し全面開業するのは翌17年である。18年には日本鉄道は山手線品川・赤羽間を開通した。これによって高崎は横浜と鉄道でつながり、群馬県下の機業地帯は横浜を介して世界市場参入の立地を確保した。茨城県周辺の鉄道網は北関東に広がりはじめた。日本鉄道はさらに営業範囲を広げ、同年、東北本線大宮・宇都宮間を開通した。利根川鉄橋は翌年に完成した。茨城県西端部が鉄道で東京・横浜とつながったのである。日本鉄道はさらに延長し明治20年には郡山、仙台を経て塩釜まで開通した。これが盛岡まで延びるのは明治23年、そして翌年9月、青森に至って日本鉄道は東北線全線を開通させた。

このようななか、明治20年5月、水戸鉄道会社が創立され、8月には測量を開始し、1年半後の明治21年1月に栃木県小山と茨城県水戸の間の営業を始めた。このとき水戸鉄道会社は営業管理を日本鉄道に委託し1日4往復を運行した。片道の所要時間は2時間半であった（『日本国有鉄道百年史年表』）。翌明治22年には新橋と神戸を結ぶ東海道全線が開通した。このことは水戸・小山間鉄道沿線の諸地域が全国的な鉄道流通網に組み込まれたことを意味した。すなわち政府による幹線建設は明治17年に、のちの北陸本線、長浜・敦賀間鉄道を完成、そこから汽船で結んで大津・神戸間鉄道と連結していた。長浜・大垣間鉄道もこの年に全通している。武豊・名古屋間鉄道は明治19年開通、同線は明治20年、木曽川鉄橋完成によって名古屋を経て敦賀につながった。この年には横浜・国府津間鉄道も開通した。この間、明治19年、政府は中山道幹線鉄道を東海道経由に変更し、先の明治22年東海道線開通に至るのである。水戸鉄道は明治25年3月、当初から営業を委託してきた日本鉄道に譲渡された。

水戸鉄道が開通しても、牛久市域がただちに鉄道の恩恵に浴したわけではない。それは常磐線の全面開通を待たなければならなかった。水戸以北の常磐線敷設の動きは、海沿いの茨城県北部と福島県磐城地方にまたがる常磐地方産出の、石炭輸送を目的とした常磐炭坑鉄道会社の設立計画からはじまった。協力を求められた日本鉄道は将来の経営戦略も考慮し自ら建設運営することに決定した。かくて水戸・平間、平・岩沼間の磐城線、田端・隅田川間の隅田川線、南千住・友部間の土浦線の建設が進められることとなった。これら3線の建設路線は明治27年11月に免許状が下付され直ちに友部から土浦に向けて建設がはじまった。このとき友部駅は、土浦線の終点、旧水戸線との連結駅として内原・宍戸間に新設された。その後、田端・隅田川間、南千住・土浦間と着工され、まず土浦・友部間明治28年11月4日、隅田川線と土浦線の南千住・土浦間が29年12月25日に開通した。このときをもって牛久市域は鉄道によって東京、水戸、したがって全国と連結したのである。他方、水戸以北の磐城線も、28年2月から工事がはじまり、水戸の方からは30年2月には平まで、同年8月には久ノ浜まで開通した。岩沼からは中村（相馬）まで30年11月、中村・原ノ町間が31年11月、原ノ町・小高間が同年5月、そして最後に金山トンネルのある久ノ浜・小高間が31年8月23日に開通し、ここに常磐線全線が完成したのである。牛久市域は常磐線を経て東北地方に連絡できるようになった。なお日暮里・三河島間が通じたのは明治38年4月のことである。

『水戸市史』に登場する常磐線

　水戸市の交通事情にふれるには、まず昭和36（1961）年6月1日の常磐線、上野ー勝田間の電化について言及しなければならない。この電化によって水戸と東京間の時間距離が著しく短縮されることになったばかりでなく、その直前のディーゼル列車に比べても静かで快適な東京への往復が可能になったからである。

　常磐線が電化されたその年は、11月に水戸市が勝田と共に、首都圏整備法に基づく「市街地開発区域」（後の「都市開発区域」）に指定された年でもあった。電化によって東京への往復に利便性と快適性が向上したことは、もとより、水戸の住民が東京に行き易くなったことを意味するが、それは同時に、東京からのそれをも一段と加速することになった。東京に端を発する都市化と開発の波もまた、次第に水戸に押し寄せるようになってきた。常磐線の電化は、その後翌37（1962）年10月には高萩まで、そして38（1963）年6月には福島県平（現、いわき市）まで延伸されて、常磐線の利便性は一段と向上することになった。

　また少し遅れて昭和42（1967）年3月20日は、水戸ー小山間の水戸線が電化された。水戸線の電化は友部ー小山間が単線運転のため、大幅な時間短縮が図られたわけではなかったが、快適性が一段と向上して県西部から水戸市へ通勤・通学する利用者に喜ばれた。

　こうして、水戸市を中心とする鉄道交通体系は、路線上の目立った動きはみられないものの、電化という形でのスピード・アップが進み、快適性も著しく向上した。それによってより広域からの通勤・通学者を水戸市に吸引することになった。県庁所在都市としての水戸市が地方中心都市として機能するのに当然といえば当然のことであったが、常磐線の電化による鉄道交通の利便性・快適性の向上はそれに一層寄与したのである。
（中略）

　市内の交通手段が電車からバスに転換しはじめ、自家用車を中心にモータリゼーションが進展する一方、都市間交通を支える鉄道では電化工事が進められてきた。首都圏の幹線鉄道のうち電化が遅れていた常磐線も、昭和36（1961）年、上野ー勝田間の電化が完成し、これにより同区間の所要時間は30分程度短縮された。同線の取手以南は、24年に直流電化されていた。しかし取手以北は、高速で遠距離まで列車を運行するには交流方式の方が経済的であるのに加えて、直流方式は八郷町柿岡の地磁気観測所に影響を与えるなどの理由から、交流方式が採用された。当時の新聞は「……国鉄の誇る世界初の交直両用電車が淡いアズキ色のスマートな車体も軽快にさっそうとデビューした。この日沿線の各市町村は朝から祝賀一色に塗りつぶされ、十数年ぶりの夢が実現したことをともに喜びあった……水戸市内には『花電車』が走り、商店街も祝賀飾りつけ、バスもタクシーも日の丸の小旗をなびかせながら走り……」と報じており（『いはらき』昭和36年6月2日）、常磐線電化に寄せられた地元の期待の大きさを伝えている。電化工事の完成により、翌37年、上野ー水戸間の旅客列車が完全電化され、輸送量の増強がはかられることになり、水戸市はもとより、茨城県の産業発展にも大いに貢献することとなった。常磐線水戸以北の電化工事も進められ、38年には、高萩ー平間の電化も完了し上野ー平間の旅客列車がほぼ電車化され、所要時間も5時間から4時間に短縮された。常磐線全線の電化が完成するのは42年であるが、同年には、水戸線水戸ー小山間の電化工事も完成し同区間の所要時間が約20分短縮される一方、鹿島開発に関連して国鉄鹿島線（水戸ー佐原間）が着工し鹿島臨海工業地帯と水戸を結ぶ新たな交通体系の整備も始まってきた。

仙台電車区（仙セン、国鉄時代は仙台運転所、現在は仙台車両センター）所属の455系電車。側面行先表示は水戸～平に
なっている。1990年時点では455系の普通電車は水戸までの運用があり、水戸～仙台間、水戸～原ノ町間の直通列車が
あった。写真手前側の3両は国鉄急行色で最後部はクハ451－13。後ろから3両目はサロ451改造のクハ455型600番代。
◎水戸　1990（平成2）年3月17日　撮影：長谷川 明

水戸駅構内の一角にある水戸機関区。蒸気機関車時代からの名門機関区であったが、電化後は電気機関車の配置はなさ
れず、主に交流電気機関車と交直流電気機関車との交換などによる留置がメインとなった。当時構内にいたのは内郷機
関区のED75形や田端機関区と内郷機関区のEF80形で常磐線の電気機関車はほぼこの2区に集中配置されていた。
◎水戸機関区　1975（昭和50）年　撮影：荒川好夫（RGG）

電化後も水戸や高萩などの入換には蒸気機関車を使っていたが、それが引退することとなった。これにより水戸鉄道管理局管内が無煙化されることを記念して平機関区の8620形の8630とD51形946号機の重連が水戸〜高萩間で運転された。この8630号機はその後、弘前へ転属し五能線を牽引したのち、京都の梅小路蒸気機関車館（現・京都鉄道博物館）で現在も動態保存車としてSLスチーム号などを牽引している。
◎水戸　1970（昭和45）年3月22日　撮影：荒川好夫（RGG）

仙台地域色のクモハ455-34（仙台電車区）。1985年3月以降、急行運用から外れた455系電車は東北本線黒磯以北、常磐線水戸以北で普通電車として運行された。◎水戸　1990（平成2）年3月17日　撮影：長谷川 明

C58が牽引する水戸線から直通する小山発水戸行普通列車。機関車次位は荷物車と2等車の合造車オハユニ61形。背後の緑地は偕楽園。水戸線普通列車は1963年から大部分がディーゼル化された。
◎赤塚〜水戸　1962（昭和37）年8月　撮影：竹中泰彦

水戸機関区に待機するD51 717（水戸機関区）。後方に給炭台が見える。給炭台は扇形庫、転車台とともに機関区のシンボルだった。電化前の常磐線（上野口）は旅客列車はC62、C60、C57、貨物列車はD51が牽引した。
◎水戸機関区　1961（昭和36）年5月　撮影：竹中泰彦

DD13 67（水郡線管理所）が牽引する水郡線への貨物列車。DD13は水郡線で貨物列車および朝夕の通勤客車列車を牽引した。写真右側に水郡線客車列車に連結された戦災復旧客車オハユニ71が見える。
◎水戸　1961（昭和36）年5月　撮影：竹中泰彦

1961年6月に取手〜勝田間が交流電化され交直流近郊型電車401系が投入された。ローズピンク色（赤13号）で後に「赤電」と呼ばれた。最初に投入された401系の先頭車クハ401は東海型クハ153と同様の低運転台だった。
◎勝田　1961（昭和36）年4月　撮影：竹中泰彦

赤塚駅〜水戸駅周辺（昭和5年）

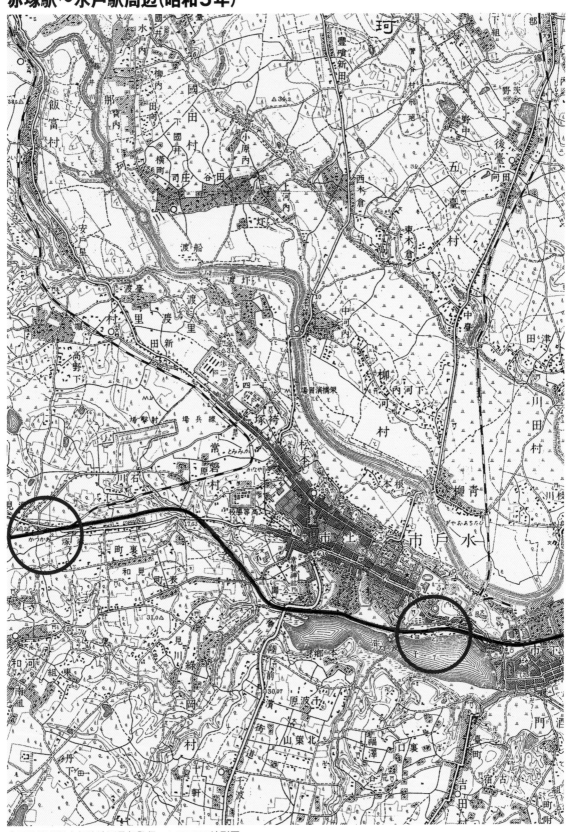

帝国陸軍参謀本部陸地測量部発行　1/50000地形図

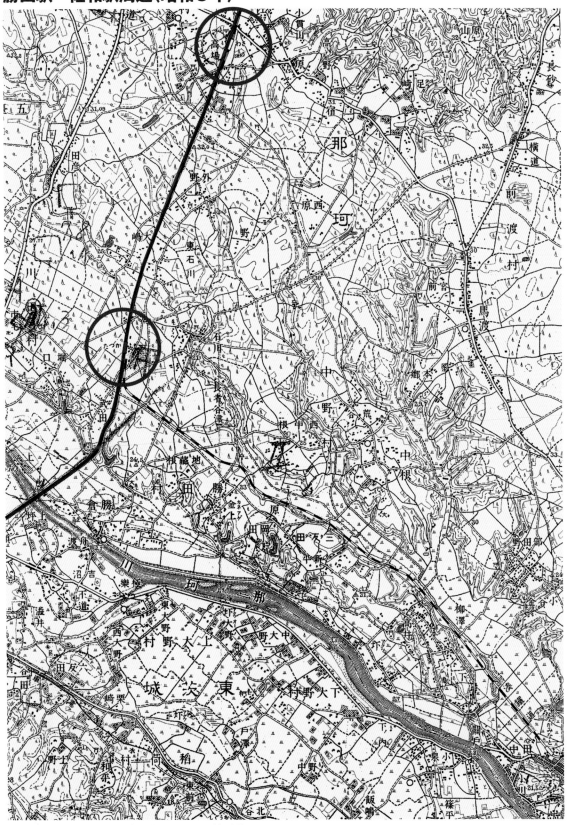

帝国陸軍参謀本部陸地測量部発行　1/50000地形図

勝田～平（現・いわき）

勝田駅は数日前に電化されたばかりだが、ここから岩沼側はまだ非電化だ。取手～勝田電化で交流電化されたこの駅には勝田電車区が開設され、常磐線の一大車両基地へとなっていく。勝田駅を通過していく写真の気動車準急「ときわ」は上野～平を3時間強で結んでいた。2両目に1等車キロ25を連絡している。
◎勝田　1961（昭和36）年6月4日
撮影：伊藤威信（RGG）

勝田電車区で並んだ651系と415系1500代、E501系。平成初期の常磐線中電区間を代表する3形式が一堂に会した。勝田電車区は1961年の取手～勝田間電化時に開設された車両基地で、新幹線施設を除き関東で唯一の交流電化された車両配置のある車両基地だ。2004年に勝田車両センターと名称が変更されている。また交流電化区間で架線が直接吊架式で張られているのが珍しい。◎勝田電車区　1995（平成7）年3月23日　撮影：松本正敏（RGG）

勝田駅側線にずらりと並んだE653系。7両モノクラス編成で運転されていた485系の置き換え用として登場したE653系は同じくモノクラス編成で製造された。7両の基本編成は2編成ごとに4色に塗り分けられたのが大きな特徴で、写真手前からブルーオーシャン、イエロージョンキル、スカーレットブロッサム、グリーンレイクとなっている。また4両の付属編成はオレンジパーシモンという別の色で塗られており、全部で5色が用意された。7両、11両、14両と組み合わせてE657系に置き換えられるまで特急「フレッシュひたち」として上野〜勝田・いわき間で活躍した。
◎勝田電車区　1997（平成9）年8月27日　撮影：荒川好夫（RGG）

大甕に到着するC60 11（仙台機関区）牽引の下り普通列車。機関車の次はオハフ61、オハ60と座席の背刷りが板張りの鋼体化客車が続く。画面右側に日立電鉄（常北太田～大甕～鮎川間）の架線柱が見える。日立電鉄は2005年3月末日限りで廃止された。◎大甕　1961（昭和36）年4月　撮影：竹中泰彦

水戸線の風景

EF80牽引の水戸線客車列車と401系電車の交換風景。◎水戸線　羽黒　1973（昭和48）年４月　撮影：山田 亮

ステンレス車体のEF81 301（内郷機関区）が牽引する水戸線客車列車。郵便荷物車スユニ60が連結されている。水戸線客車列車は1982年11月まで運転された。ステンレス車体のEF81 300番台は関門トンネル用でステンレス車体だったが301、302の２両は常磐線転属に際し赤く塗られファンの間では不評だった。
◎水戸線　小山　1980（昭和55）年10月　撮影：山田 亮

1991年に登場した485系改造のジョイフルトレイン「リゾートエクスプレスゆう」。水戸支社の81系お座敷客車「ふれあい」の置き換え用として改造された。全車両がグリーン車で編成真ん中付近の4号車はイベント車となっており、走るディスコと言わんばかりの内装であった。また水郡線といった非電化路線へも入線ができるようにマニ50形を改造した電源供給車も用意され、ディーゼル機関車に牽引されて非電化路線への入線も度々あった。車内に関しては登場時、座席を中心とした洋風車であったが、1998年にお座敷車への改造され2018年に廃車となった。電源供給車のマニ50形2186号車は東急電鉄に譲渡され、ROYAL EXPRESSの北海道営業時に活躍している。
◎東海～大甕　1991（平成3）年5月1日　撮影：森嶋孝司（RGG）

1961年10月1日に運転を開始した上野～盛岡・宮古を結ぶ急行「陸中」。前身は1959年9月22日に運転を開始した全国初の気動車定期急行列車となった急行「みやぎの」で、これを盛岡に延伸する形で愛称名を変更して「陸中」となった。当初は上野～盛岡のみであったが、運行開始直後の1961年12月からは花巻で一部を分割して釜石線経由宮古行きの付属編成も連結するようになった。◎日立　1963（昭和38）年12月30日　撮影：伊藤威信（RGG）

非電化路線である水郡線直通の急行「奥久慈」と併結するため気動車で運転されていた急行「ときわ」。全線電化されている常磐線であったが、直通先の路線次第で架線下ディーゼル急行も運転されていた。比較的平坦線とされる常磐線を走行するため、1エンジンのキハ28率がひときわ高いのが特徴的であった。
◎高萩〜川尻　1975（昭和50）年　撮影：河野 豊（RGG）

1989年3月に営業を開始した651系はJR東日本初の新型特急車両として登場。その白い車体は斬新で「タキシードボディのすごいヤツ」というキャッチコピーがつけられ、愛称公募がおこなわれた。この651系は老朽化してきた「ひたち」用の485系を一部置き換える形で、上野〜平・仙台などを特急「スーパーひたち」として運行した。営業最高速度は130km/hで、これは在来線車両としては初めてのことであり、登場時の最速列車は上野〜水戸間を66分で結んだ。
◎高萩〜南中郷　1997（平成9）年9月11日　撮影：荒川好夫（RGG）

下孫駅(現・常陸多賀駅)～助川駅(現・日立駅)周辺(昭和5年)

帝国陸軍参謀本部陸地測量部発行　1/50000地形図

高萩駅～磯原駅周辺（昭和5年）

帝国陸軍参謀本部陸地測量部発行　1/50000地形図

『日立市史』に登場する常磐線

常磐線開通当時の運行状況はどのようなもので あったろうか。明治31年9月発行の『汽車汽船・旅 行案内』に、上野一水戸一平一岩沼一仙台間の時刻 表が載っている。これによると開通直後の助川一上 野間は、日に往復3便があるだけである。試みに助川 駅発午前10時17分の上り列車をみると、水戸着が午 前11時25分、上野着は午後4時30分とあり、助川一 上野間は6時間余りを要したことになる。しかし、「往 来するもの寒暑の苦を受けず、坐して山水の勝を歴 覧」(「鉄道記念碑」)できる鉄道は、徒歩旅行の時代な ら優に3日を要した距離をわずかな時間に短縮した のである。野口勝一はいう。「往時交通不便の境、今 快輪●勝の区となる」(「鉄道記念碑」)と。野口の感 激は、また多くの人の感慨でもあったろう。

その後、明治33年には、助川一上野間の輸送力は、 旅客専用車2本、旅客・貨物混合車8本、貨物専用車 12本となっており、輸送力の増強をみることができる (『日本国有鉄道百年史』)。もっともこの輸送力の増 強は、石炭資本の要請によったものであった。以後も 日露戦争の影響により輸送力に消長はあるが、石炭 輸送力増強の要請は強く、明治30年代後半から大正 年間にかけて常磐線の複線化がはかられた。水戸一 湯本間は大正5年から13年にかけて線路増設工事が 進められ、現在みるような複線となった(『日本国有鉄 道百年史』)。

輸送力増強の進む一方、明治43年3月、小木津駅 が新設された。鉄道開設当時、助川駅の次は川尻駅 であり、日高村民にとっては不便この上なかった。そ こで、駅未設置により世に取り残されることを憂えた 日高村の有志数十人は、しばしば協議して鉄道院へ の陳情を重ねた結果、有志が駅の敷地全部ならびに 官署移転料を寄付する条件で駅設置が認可された。 駅舎工事は42年12月にはじめられ、翌年3月15日に 落成、3月18日に、県知事、東部鉄道管理局長ら来賓 を迎え、盛大な停車場開駅式が挙行された(明治43 年3月18日付『常総新聞』)。日高村民の喜びは大き なものがあったであろう。なお、勝田駅、南中郷駅も 同日に開駅されている。

こうして日立地方には、南から大甕、下孫、助川、 小木津という4つの駅が設置されたのである。そし て、鉄道の開通を契機として、これらの駅と町村の主 要地あるいは国道を結ぶ道路の新設や改修が行われ、 江戸時代そのままであった道路網がここにようやく 面目を改めてきた。

すなわち助川村では、鉄道の敷設と同時に駅から 国道に通じる約1キロメートルの2間道路(新道、今 の銀座通り)が新設された。久慈町では明治29年、久 慈町から水木、河原子へ通じる道路が開通し、32年 には久慈町から坂上村を経て陸前浜街道に通じる道 路、34年には久慈町から割山を経て坂本村、太田町 (常陸太田市)へ通じる県道、37年には東小沢村へ通 じる道路がそれぞれ開通している。42年には、太田 一久慈浜、太田一大甕間を客馬車が走るようになっ た。河原子町でも40年に下孫駅に通じる道路の改修 を行い、海水浴場としての発展策を講じている。

また、中里村では鉄道の開通によって、助川、川尻 両駅への物資の運搬が頻繁になったため、この道路 を県道に編入して改修工事を行おうとし、沿道の各 村と協議して時の県知事小野田元熙に建議書を提出 している。

太田鉄道線がまだ開通していなかった当時、山間 部の中里村にとっては常磐線の助川駅や川尻駅に結 ぶ道路は生命線であったといえよう(『日立市史』)。

助川駅の発展

鉄道の開通、駅の設置によって地方の文化、産業は 大きく変ぼうを遂げていくこととなるが、では日立地 方各駅の利用状況はどのようなものであったろうか。

大甕、下孫、助川、小木津の各駅が明治33年、38年、 43年に扱った旅客、手小荷物、貨物の量およびそれ らによって得た収入賃金を示したものである。鉄道 が開設してまもない33年当時、旅客は大甕駅が3万 人台と最も多く、助川、下孫両駅は2万人台に過ぎな い。手小荷物は各駅とも送出が多いが、それらによる 収入はわずかである。貨物は各駅とも1000トンから 2000トン台にとどまっている。38年は日露戦争の影 響によるものか、全般的に各駅の利用は落ち込みをみ せている。ところが、43年になると顕著な変化をみ ることができる。すなわち、各駅とも旅客数の増大を みるが、特に助川駅は6万人台と飛躍的な増加をみせ ている。貨物も増加し、33年当時と比較して大甕駅 の出貨量は5倍、下孫駅のそれは3倍の増加である。 そしてそれ以上に、助川駅の貨物量の増大が注目され る。助川駅では33年と比較して出貨量は4倍、入貨 量は実に118倍の増を示す。出貨量はわずかに4倍 とはいえ、実数は大甕、下孫両駅をはるかに凌駕して 1万トンを超え、入貨量は5万トンを超えている。

ここで視点を変え、水戸駅から関本駅(大津港駅)

間の常磐線各駅の利用状況をみてみよう。旅客など
の数量は省き、収入賃金およびそのうちの貨物収入
をとり、貨物収入についてだけ水戸駅のそれと比較し
た。この表では、磯原駅、高萩駅の貨物量が年々増大
し、水戸駅をはるかに凌駕していることがまず注目さ
れる。助川駅、大甕駅、下孫駅の貨物量が年々着実に
増大し、対水戸駅の比重を高くしていることも注目さ
れる。

　これらの事実、変化の背景にあるものは何であろう
か。いうまでもなく地域の産業の発展である。磯原
駅、高萩駅の貨物は石炭である。本来常磐線は、常磐
炭の京浜市場への輸送を第一義として敷設されたも
のであり、磯原、高萩両駅の後背地には大小炭鉱の広
範な存在と発展があった。

（中略）

　常磐炭田の石炭は、鉱工業の発達と鉄道網の整備
にともない、需要が増加の一途をたどっていたが、そ
の輸送はまだ海上輸送に頼っていた。

　そこで明治22（1889）年この石炭を安全にしかも
速く京浜地区に輸送するには鉄道が最適と考えられ、
福島県磐城地方の石炭資本を背景とした鉄道敷設の
計画がもちあがった。しかし時期尚早として中断さ
れた。

　明治25年「鉄道敷設法」が公布され、幹線鉄道の
計画が発表されたが、これにも水戸から平（いわき市）
を経て岩沼（岩沼市）に至る鉄道計画はなかった。こ
のため茨城、福島、宮城各県の有志は、この計画に常
磐地方を入れるよう陳情を繰り返したが実らず、最終
的に常磐地方への鉄道計画が決定したのは明治27年
末であった。しかし、明治26年7月には日本鉄道株
式会社の総会で、常磐地方の鉄道建設は決定されて
いたので、水戸−岩沼間の沿線ではすでに用地買収、
測量などの作業にはいっていた。

　この鉄道建設工事は、明治28年2月に着手され、
明治30年2月に水戸−平間が竣工し、磐城線とよば
れた。

　鉄道建設に当たっては、各地で土地買収その他の
利害関係などから、多くの困難な問題が起きた。

　たとえば日立村においては、土地買収の価格で折り
合いがつかず、割増し金を受けとることで結着したこ
とや、駅の位置決定に際しても最終的には高鈴村助
川に駅設置は決定するが、土地買収が難航したため、
日立村が駅誘致運動を起こした記録も残されている。

　水戸−平間の完成にともない、明治30年2月25日

磐城線開通記念試乗列車が運行された。このときの
時刻表をみると、水戸駅から助川駅（日立駅）までの
所要時間は1時間2分であった。日立地方に設けら
れた駅は大甕駅、下孫駅（常陸多賀駅）、助川駅の3
駅で、小木津駅はなく、また豊浦町住民に深いかかわ
りのある川尻駅は、その位置が櫛形村友部（十王町）
であった。

　駅未設置により、世に取り残されることを憂えた日
高村の有志数十名は、しばしば協議し陳情をかさねた
結果、有志が駅の敷地全部ならびに官署移転料を寄
付する条件で認可され、明治42年3月に小木津駅が
開設された。小木津駅の開設は地区住民がどんなに
待ち望んでいたことか、その喜びようは、想像にかた
くない。

　次に開設当時ではないが、明治35年当時の駅の利
用状況について大甕、下孫、助川の各駅を比較してみ
ると、大甕駅が乗降客各約3万人で1番多く、下孫駅、
助川駅は各約2万4000人であった。ちなみに沿線各
駅の乗降客で1番多い水戸駅は各約20万人、隣接の
高萩駅は各約6万人で、日立地方の3駅は少ないほ
うであった。

　また乗客、手小荷物、貨物などをあわせた収入面で
みると、3駅とも1万円前後で大甕、下孫、助川駅の
順であった。ところが明治40年になると、助川駅が
乗客で約1.5倍、収入面で2倍と急上昇し、3駅のな
かで1位を占めるようになってくる。

　各駅の取り扱い荷物の内訳をみると、明治34年の
統計では、移出品では大甕駅から和酒や醤油、下孫駅
からは麦類、甘藷が目立ち、移入品では大甕駅では食
塩、下孫駅では米と砂糖が目立つ。

　明治30年2月に水戸−平間が開通した磐城線は、
翌31年8月までに岩沼までの全線が開通した。

　この日本鉄道磐城線は、明治34年11月隅田川線、
土浦線と一体になり、海岸線とよばれるようになり、
さらに明治39年の鉄道国有化にともない、同42年よ
り国有鉄道常磐線と改称された。

勿来の関付近を行く485系の
上り特急「ひたち」。「ひたち」
は1985年3月改正時に大増発
され、急行「ときわ」は廃止
された。
◎勿来～大津港
1985（昭和60）年12月
撮影：山田 亮

茨城、福島県境「勿来の関」
付近を行くEF81 80（内郷機関
区）牽引の上り貨物列車。
◎勿来～大津港
1985（昭和60）年12月
撮影：山田 亮

415系の上り普通電車。1985年
の科学万博に際し、常磐線中
距離電車はクリームに青帯に
なった。
◎勿来～大津港
1985（昭和60）年12月
撮影：山田 亮

泉駅から小名浜方面に分岐する福島臨海鉄道は1972年まで旅客営業も行っていた。その昔、小名浜臨港鉄道という社名だった同社は1960年代に運営を臨海鉄道方式へと転換し、現在の社名へと変更された。国鉄の分割民営化後の常磐線貨物列車は主にJR東日本田端運転所のEF81形が運用されていた。そのため写真のように寝台特急「北斗星」牽引機の流れ星が車体サイドに描かれた機関車も常磐線で貨物列車を牽引していた。
◎泉　1996（平成8）年4月13日
撮影：荒川好夫（RGG）

日暮里方向かうと平駅すぐ手前にある稲荷山隧道は単線非電化の磐越東線のトンネルと電化された複線の常磐線のトンネルとが並んでいる。トンネルの上には神社と小学校がある他、日暮里方坑口付近には平駅の場内信号機が設置されている。また特急「ひたち」は1969年に特急「いなほ」の間合い運用として上野〜平で運転を開始し、全線電化区間を走行する列車であるがキハ80系が使用された。1972年に特急「いなほ」が電車化されると「ひたち」は仙台運転所の485系を使用するようになり、本数も増えてL特急指定もされた。
◎平〜内郷　1978（昭和53）年
撮影：河野　豊（RGG）

平駅停車中と思われるＣ62 38（平機関区）牽引の上り普通列車。郵便車からは郵便物の積み下ろし中。
◎平　1967（昭和42）年6月11日　撮影：長谷川 明

平機関区の扇形庫と転車台。扇形庫には9600、C57、8620、D51が並ぶ。扇形庫は原則としてその機関区所属の機関車だけを収容し、他区の機関車は庫外で滞泊した。◎平　1967（昭和42）年6月11日　撮影：長谷川 明

「ゆうづる」のヘッドマークを付けて待機するC62 48（平機関区）。◎平　1967（昭和42）年6月11日　撮影：長谷川 明

平停車中のC60 39（仙台機関区）牽引の下り列車。右は磐越東線の客車列車。◎平　1967（昭和42）年

「ゆうづる」のヘッドマークを付けたC62 37（平機関区）。「ゆうづる」のヘッドマークを付けて昼間機関区で待機する
C62を訪れたファンは撮影できた。◎平機関区　1967（昭和42）年　撮影：柳田知章

小運転列車や入換えに使用されたC50 103（平機関区高萩支区）。右は磐越東線のD60型（郡山機関区所属）。磐越東線のD60は1968年10月改正時からDD51に置き換えられた。◎平機関区　1968（昭和43）年　撮影：柳田知章

平機関区扇形庫に並ぶC57 20、C62 46、C62 48（いずれも平機関区）。C57は平〜仙台間で普通列車を牽引した。
◎平機関区　1967（昭和42）年　撮影：柳田知章

横浜～札幌の駐留軍専用列車「Yankee Limited」を前身とする上野～青森間の急行「十和田」は1954年10月に登場した。年々運転本数が増えていき、この写真の撮影当時は4往復、最盛期には7往復が運転された。EF80形の牽引で平まできた列車は、ここでC62形蒸気機関車に交換する。平駅構内には平機関区があり、C62形などが数多く配置されており、中には取手～勝田電化で水戸機関区から追われて転属してきた機関車もあった。
◎平　1966（昭和41）年8月2日　撮影：荒川好夫（RGG）

1958年10月に登場し、1960年12月から初の気動車特急となった常磐線経由の上野～青森間特急「はつかり」。この列車のために用意された国鉄初の特急形気動車キハ80系で運転され、その特徴的な見た目から「ブルドッグ」などとも呼ばれた。東京から青函連絡船をへて北海道へ向かう最速達列車として1D、2Dという列車番号で運転された。このキハ80系は1968年10月のダイヤ改正で特急「はつかり」の電車化・経路変更で常磐線には入線しなくなったが、翌年の1969年10月からは特急「ひたち」として上野～平間ではあるが、「ひたち」が電車化されるまで再び常磐線を走行するようになった。◎平　1967（昭和42）年1月11日　撮影：荒川好夫（RGG）

平機関区で滞泊するC61 4（仙台機関区）と磐越東線のD60 47（郡山機関区）。機関区内にはカメラを持ったファンの姿が見える。当時は事務所で断ればファンも機関区へ立ち入ることができ、構内を歩きまわって撮影ができたが同時に「自己責任」が求められた。現在では考えられないことである。◎平機関区　1967（昭和42）年6月　撮影：辻阪昭浩

C61 28（仙台機関区）が牽引する下り普通列車と451系の急行「ときわ」。常磐線平は1994年12月3日から「いわき」と改称された。1966年10月1日、平市、磐城市、内郷市、勿来市、常磐市など14市町村が合併し「いわき市」となり、当時日本で一番広い市だった。28年後、駅名も市名にあわせて「いわき」と改称された。
◎平　1967（昭和42）年6月11日　撮影：長谷川 明

「ゆうづる」のヘッドマークをつけて待機するＣ62 47（平機関区）。
◎平機関区　1967（昭和42）年９月　撮影：辻阪昭浩

磐越東線の風景

夏井川に沿って走るD60が牽引する磐越東線の客車列車。磐越東線は1968年10月改正時から旅客、貨物ともDD51が投入されD60を置き換えた。◎磐越東線　川前　1964（昭和39）年5月　撮影：辻阪昭浩

D60 23（郡山機関区）が牽引する磐越東線下り普通列車。1964～65年時点では磐越東線の旅客列車の大部分がD60牽引の客車列車だった。◎磐越東線　川前　1964（昭和39）年5月　撮影：辻阪昭浩

常磐線では民営化直前まで客車列車が活躍しており、1982年11月改正までは上野発仙台行きなどの長距離列車も数は少なくなったものの残っていた。また仙台近郊の電車化もなかなか進んでいないこともあり、平以北の仙台口は急行列車の間合い列車以外はほぼ客車列車という状態だったが、民営化が近くにしたがって徐々に客車列車は電車に置き換えられていき、1985年3月のダイヤ改正で完全に電車に置き換えられた。この客車を置き換えたのは急行「ときわ」などの廃止で余剰となった急行形電車だった。写真は平駅で旧型客車と接続を取る485系上野行き特急「ひたち」。
◎平　1982（昭和57）年11月4日　撮影：荒川好夫（RGG）

平駅では403系や415系といった上野口の車両や417系をはじめとする仙台口の車両が顔を合わせた。上野口の車両は相馬や原ノ町まで運用があり、この区間では上野口と仙台口と車両が入り混じって使用されていた。また仙台口の車両は基本的には平までの運用だが、数往復だけ仙台〜水戸の運用もあった。近年の細かな系統分離により現在、仙台口の車両は原ノ町までとなり、平までの入線はなくなっている。また写真左側の車両は417系で近郊型交直流電車として1978年に新造された車両だが、営業運転では交流区間のみで使用されていた。
◎平　1989（平成元）年4月23日　撮影：荒川好夫（RGG）

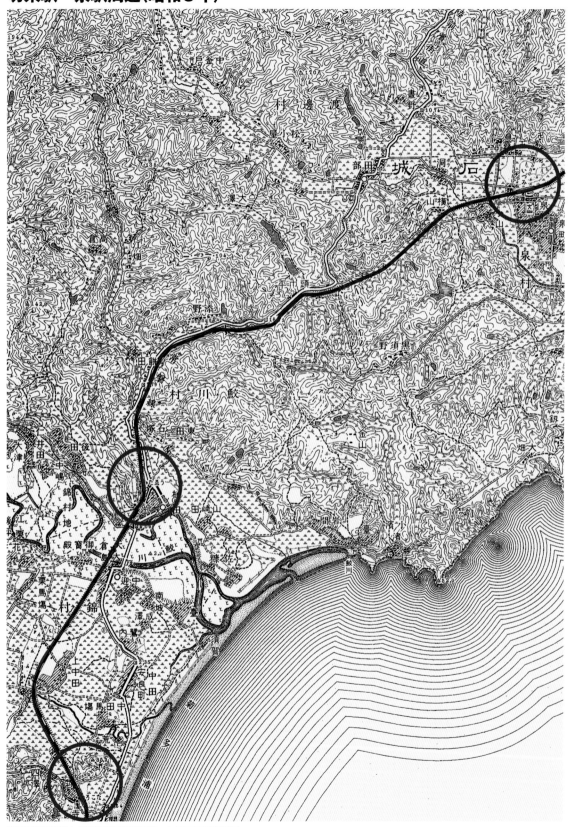

帝国陸軍参謀本部陸地測量部発行　1/50000地形図

湯本駅〜平駅(現・いわき駅)周辺(昭和5年)

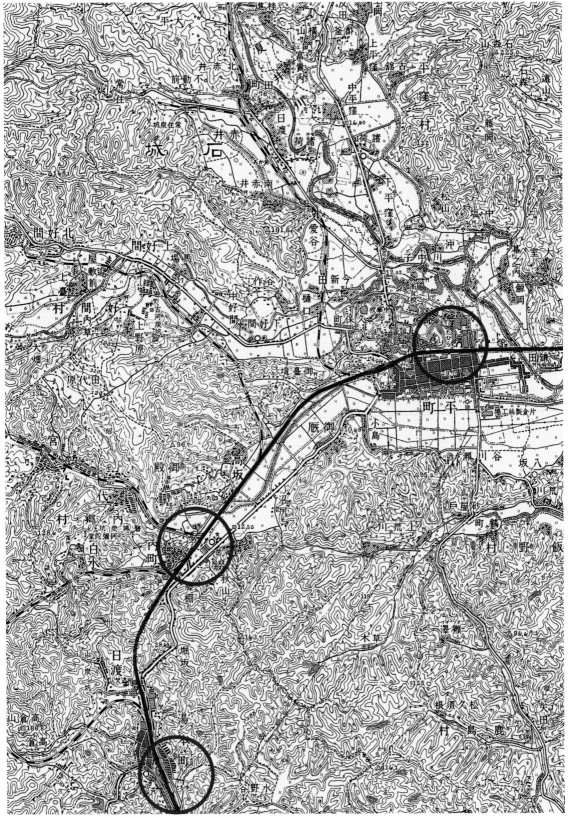

帝国陸軍参謀本部陸地測量部発行　1/50000地形図

『いわき市史』に登場する常磐線

　旧国鉄線の常磐線および磐越東線は、戦後復興の輸送機能を旅客・貨物両面において遺憾なく発揮したが、やがて衰退に向った。

　昭和30年代の内郷駅の主要貨物の発着状況をみると、22年には約79万トンであったのが37年には約107万トンと1.35倍に増加している。これはこの時期好間・宮・入山等の炭鉱からの専用線や専用鉄道がこの駅に集結していたことによるもので、同28年の勿来駅の26万トン、同30年の湯本駅の83万トンに比して発送量が大きい。

　この3駅に同じ常磐線の植田の4駅に磐越東線の赤井・小川郷の2駅を加えた6駅は石炭積出駅として積込場と貨車ヤードを有して特有の駅景観を呈していた。主として京浜地方を市場とし、その輸送に鉄道が用いられた。すでに大正13年ころには平ー上野間は複線となり、石炭輸送線の機能を有したのが常磐線であった。いわば貨物優先の鉄道とみなせるのである。26年の内郷の発送車数は約6万7,000にのぼっている。

　戦後石炭事情の悪化による蒸気機関車の運行の困難をもたらした時に、北海道連結の特急・急行・寝台列車等の優等列車は東北本線でなく常磐線を通したのであった。それは、複線区間が東北本線のほぼ2倍（上野ー宇都宮の105.9キロメートルにたいし、上野ー平は211.6キロメートル）であることによるスピードアップと運行許容量の大きさと、常磐線は上野ー仙台間が東北本線に比して勾配が小さく平坦地を走行することのスピードの確保や燃料の石炭消費の軽減、そして経費の節約がその理由であった。それが東北本線の複線化・電車化を契機にその優位性を失ってしまった。

　内郷駅の到着貨物の種別を見ると、坑木・砂利・セメント・鉄材等の坑道に関するもの、機械類・火薬等の採炭に関すもの、食料としての米など石炭産業の稼行に必要な物資が大量に到着している。

　昭和20年代の内郷駅乗降客数をみると、27年までは1日平均の乗客・降客数がともに2,000人以上であったのが28年以降では1,000人余に低下している。逓減傾向にあったとはいえ、この時期には未だ旅客輸送にも貢献していたことがいえる。減少はバス交通の発達によるものである。

　前述の複線区間の長い常磐線に電化促進の動きが起こってきたのは、昭和23年からである。常磐線電化促進期成連合会が関係市町村長や福島県知事等で設立され、同線が「石炭の搬出並に沿線の豊富なる農林水鉱工産物搬出の一大動脈をなし沿線地方産業並に交通の上に多大の貢献をなしている」とし、「電化は、之による輸送力の増強、時間の短縮からしても、又鉄道経営並に総合エネルギーの問題よりしても極めて適切な事業であり、常磐線の電化は国家経済上又沿線地方産業の振興並に通勤、通学者にとって誠に大なる福祉を齎らす」としていた。

　こうして、24年5月には、松戸ー取手が竣工、順次電化区間が延長され、12年後の昭和36年10月1日ようやく工事が完了し、昭和38年6月に開通祝賀式を挙げ、営業運転に入った。さらに同年10月には草野まで電化開通、同年40年5月には同区間の複線化と近代化が進んだ。さらに、平以北については、昭和39年6月に平ー岩沼間電化起工式を挙行し42年度に完成を見る。

　この間、昭和33年6月1日から平ー上野にディーゼルの準急ときわ号が運転され、28年からの急行とならび東京との連絡が密になった。34年9月には仙台との間に急行みやぎの、磐越東線経由の準急いわきが運転されるなどのスピードアップがはかられた。その後の運行車数の増加と運転時間の短縮がなされる。

　また、関連施設の整備も進められた。いくつかの例をあげよう。駅舎の改築では32年12月に植田駅が落成している。平駅の上野寄りの鉄道跨線橋平安橋が1,390万円の費用で昭和28年8月に竣工し、32年4月にはこの橋と構成跨線橋が連続されて、集改札口が設けられ高校生の通学に便宜を与えた。

　また、平駅西寄りの掻槌小路踏切は、傾斜とトンネルに近いことなどの条件が悪く、自動車の交差と列車の運行に不便をきたしていた。昭和38年には場所を車に代えて立体橋が費用約2億4,000万円で39年に完成し、一方旧踏切は地下人道として同年に開通した。また同年より東側に大工町地下道がつくられるなどがなされた。

　一方、磐越東線は、前述のように、ディーゼル化が進み、一時期には郡山・福島経由の仙台行が運転されるなどのこともあったが、大きな進展はなかった。

　このように、この期のいわき地方の鉄道交通は、戦後の激動期そのままに、民営鉄道（石炭輸送のための）の新設があって、一方に廃止と変動著しいことと、旧国鉄の電化・高速列車の運転・関連施設の整備等の近代化を推進したが、輸送人員・貨物量の減少が進んだ。

（中略）

明治後期以降、炭田の開発と石炭輸送のため、主として常磐線の各駅と炭鉱との間に敷設された引込線は、地域経済や地域社会の発展に寄与してきた。しかし、エネルギー革命の進展による石炭の衰退に伴い、炭鉱は閉山し、これら鉄道引込線もこの期の40年から60年代に廃止され、わずかにところどころに路線を残すのみとなった。

ここでは、小宅幸一著『常磐地方の鉄道－民営鉄道の盛衰をたどって－』により、廃止の経過をまとめよう。

昭和42年には、つぎの2線が廃止となった。1つは、大日本炭砿勿来砿専用鉄道（勿来砿〜勿来駅4.12キロメートル）、そして常磐炭砿専用鉄道日渡線（日渡〜小野田線分岐点0.8キロメートル）であった。また、炭鉱引込線とは別に、江名鉄道（昭和28年小名浜臨海鉄道の延長として小名浜栄町〜江名4.9キロメートルが開通したもの）が、同年に廃止されている。

昭和44年に入ると、1月に品川白煉瓦専用線（湯本天王崎〜湯本駅0.3キロメートル）、12月に常磐炭砿専用軌道小野田線（小野田〜湯本駅2.9キロメートル）の2線が廃止となっている。

同45年には、2月に古河鉱業好間炭砿専用鉄道（北好間〜内郷駅5.7キロメートル。この一部を国道49号バイパスで跡地利用）が休止（同47年9月に廃止）している。

昭和47年には、①常磐炭砿専用鉄道内郷線（内郷斜坑〜内郷駅3.34キロメートル）が6月に、②常磐炭砿専用鉄道綴線（内郷綴〜内郷駅0.4キロメートル）が11月に、③日曹赤井炭砿線（赤井不動堂〜赤井駅1.3キロメートル）が同じ11月にそれぞれ廃止されている。

昭和48年には、常磐炭砿専用鉄道鹿島線（常磐水野谷〜湯本駅2.12キロメートル）が8月に廃止（前年5月休止）とされている。

このように昭和40年代には炭鉱引込線がその機能を喪失し、廃止の運命にさらされたのであった。

昭和50年代には、51年に常磐炭砿専用鉄道向田線（向田＝常磐炭砿磐城砿業所〜湯本駅0.61キロメートル）が最後の引込線として廃止された。この砿業所跡地に「いわき市石炭・化石館」が建設されている。また、56年9月には、常磐共同火力勿来発電所専用線（勿来佐糖町〜植田駅2.38キロメートル）が、石炭の利用減やトラック輸送への転換により廃止されているし、60

年3月には住友（旧磐城）セメント四倉工場専用鉄道（四倉玉山〜四倉駅14.04キロメートル）が資源の枯渇と主力を田村郡に移したことを背景に廃止された。

かくして、石炭と土石産業に関係して敷設された鉄道は、ほぼ昭和60年までに、いわき市域から姿を消してしまい、残ったのは工業生産と深い関係にある福島臨海鉄道と呉羽化学錦工場専用線のみとなった。

平民衆駅の建設

昭和38年に常磐線上野－平間の電化工事の完成、同40年には平－草野間の複線化と電化工事の完成、同42年に草野－岩沼間の電化完成、同47年のいわき貨物駅の開設等、一連の近代化合理化のなかで、平民衆駅の建設が企図された。

これは、国鉄が主体となり、これにいわき市が協力するいわゆる第3セクター方式によるもので、地下1階と地上3階建の延9,643平方メートルの建物を、国鉄が24.92パーセントと国鉄が専用と旅客公衆に使用し、会社が75.08パーセントを販売・飲食を中心とするショッピングデパートとし賃貸するものであった。

昭和45年に定款案ができ、平民衆駅（通称ヤンヤン）として申請され、48年7月29日開店開業するに至った。「都市の顔としての駅」のイメージアップをもたらし都市景観に寄与するところが大であった。

平（現・いわき）～富岡

上野～盛岡を常磐線経由で結んでいた急行「もりおか」は勝田電車区の451・453系を使用していた。東北本線電化前は多くの優等列車が常磐線経由であったが、電化により東北本線経由へ次々に経路が変更され、東北新幹線開業直前の常磐線経由東北方面の昼行列車は特急「みちのく」と急行「もりおか」だけとなっていた。この常磐線経由で最後ま

で走ったこの2列車はどちらも全線電化後の1970年代前半に登場した列車だったが、列車としてのルーツは常磐線経由で上野と東北を結んだ急行列車からの系譜であった。
◎平〜草野　1978（昭和53）年10月　撮影：河野 豊（RGG）

水戸以北では交流電気機関車のED75形も使用されていた。常磐線や水戸線では取手〜藤代や小山〜小田林に交直セクションがあることから交直流電気機関車のEF80形などで運用されていた。しかし交直流電気機関車は車両も高価であることから、EF80形は基本的には平以南で運用がなされ、水戸や平でED75形に機関車交換がなされていた。またED75

形は常磐線の平電化時に作られた形式で当初は勝田電車区に配置され、土浦〜平で運用がなされていた。以降、東北各地の交流電化区間が延びるたびに増備され東北を代表する電気機関車として活躍した。
◎四ツ倉〜久ノ浜　1980（昭和55）年8月19日　撮影：小野純一（RGG）

1965年10月に登場した寝台特急「ゆうづる」は平〜仙台間がC62牽引で、特に上りは日の長い季節は撮影可能で、多くのファンの喝采を浴びた。◎四ツ倉　1965（昭和40）年　撮影：柳田知章

仙台運転所のC61形6号機牽引の普通客車列車が仙台方面へ向かう。日暮里から続いてきた複線の線路は四ツ倉駅で
終わりとなり、ここより岩沼方は基本的には単線区間となる。この区間は開業時からのトンネルも多く電化の際に必要
な高さも足りないため、並行する形で新たにトンネルが掘られた。またこれに伴いトンネルが続く箇所ではトンネル以
外の区間も新線に切り替えられた区間もある。
◎四ツ倉〜久ノ浜　1966(昭和41)年8月24日　撮影：牛島 完(RGG)

広野〜末続間にある踏切で乗合バスがD51の通過を待つ。路面はまだ舗装されておらず、輸送面では圧倒的に鉄道が優勢な時代だった。◎広野〜末続　1967（昭和42）年9月　撮影：荒川好夫（RGG）

C61 4（仙台機関区）牽引の上り普通列車。◎久ノ浜〜四ツ倉　1967（昭和42）年6月　撮影：辻阪昭浩

広野に到着のC62 47（平機関区）牽引の下り普通列車。広野には「今は山中、今は浜」で始まる小学唱歌「汽車」（作詞、大和田健樹、諸説あり）の歌碑がある。◎広野　1967（昭和42）年　撮影：柳田知章

C62牽引の上り特急「ゆうづる」◎木戸～広野　1967（昭和42）年　撮影：柳田知章

電化直前の常磐線北部を行くC62 23（平機関区）が牽引する上り急行「第4 十和田」。機関車次位から荷物車マニ36、1等車スロ60（2両）、2等寝台車オハネ17（2両）、食堂車マシ35の順。マシ35は登場時「つばめ」「はと」に使用されたが1967年時点では全5両のうち2両が青森運転所（盛アオ）配置で「十和田」に、3両が函館客貨車区（函ハコ）配置で「ていね」に使用された。◎木戸〜広野　1967（昭和42）年6月　撮影：長谷川 明

C62 10（平機関区）牽引の上り急行「第3十和田」。この付近の通過は早朝5時頃で、5～7月の朝から晴れの日に高感度フィルム（ASA400）でシャッター速度125分の1か250分の1でようやく撮れた。デジタルカメラの今では考えられないことである。編成はマニ60、オロネ10、スロ60の順である。
◎久ノ浜～四ツ倉　1967（昭和42）年6月　撮影：辻阪昭浩

C62 38（平機関区）牽引の上り急行「十和田」。この区間は電化に際し別線に切り替えられた。
◎久ノ浜～四ツ倉　1967（昭和42）年　撮影：柳田知章

C62牽引の上り寝台特急「ゆうづる」。C62牽引の上り常磐線特急、急行は平に近づくと陽の長い春から夏は撮影が可能で多くのファンが集まった。◎四ツ倉　1967（昭和42）年6月　撮影：辻阪昭浩

C60牽引の普通列車　◎木戸　1967（昭和42）年　撮影：柳田知章

キハ28（キハ58の1エンジン型）先頭の原ノ町発上野行ディーゼル急行「ときわ2号」、水戸で水郡線からの急行「奥久慈」
を併結した。◎久ノ浜〜四ツ倉　1967（昭和42）年6月　撮影：辻阪昭浩

キハ26（キハ55の1エンジン車）先頭の普通列車。常磐線平以北の普通列車は蒸気列車のほか気動車もあった。2両目はキハ28（キハ58の1エンジン車）。◎木戸～広野　1967（昭和42）年6月11日　撮影：長谷川 明

常磐線交流電化区間の大部分は水戸鉄道管理局管内で、民営化後はほぼそのまま水戸支社となった。上野口でおなじみの415系は平以北にも運用があり、原ノ町や相馬まで顔を出していた。常磐線の四ツ倉以北は基本的には単線であるが、木戸～広野間だけは複線化された。◎木戸～広野　1991（平成3）年11月2日　撮影：松本敏正（RGG）

常磐線の優等列車を数多く牽引してきたC62形であったが、電化とともに徐々に活躍の場所を追われていきその最後の
活躍場所は平〜仙台となった。しかし電化の波はとどまるところを知らず、1967年10月には常磐線が全線電化され一部
の機関車は呉線用に糸崎機関区へ転属になったが、写真の45号機を含め半分以上の機関車が廃車となった。
◎木戸　1967（昭和42）年3月5日　撮影：荒川好夫（RGG）

大きくカーブして竜田に近づくC62 38（平機関区）牽引の上り普通列車。電化を控え電化ポールが建っているが、架線は張られていない。写真左に神社（龍田神社）の門がある。◎竜田　1967（昭和42）年6月　撮影：長谷川 明

富岡〜仙台

C62 39（平機関区）が牽引する下り急行「第2みちのく」。スハ43系中心で編成後方に食堂車オシ17型を連結している。
後方に富岡駅が見える。上野〜青森間の昼行急行下り「第2みちのく」上り「第1みちのく」は青函連絡船夜行便に
接続する北海道連絡列車で、水戸、仙台などから東北北部、北海道方面への乗客が多かった。
◎富岡〜夜ノ森　1966（昭和41）年4月　撮影：辻阪昭浩

常磐線北部の海からやや離れた丘陵を行く上り「はつかり」。◎夜ノ森〜富岡　1963（昭和38）年11月　撮影：辻阪昭浩

富岡で上り列車との交換待ちをするD51 1078（原ノ町機関区）牽引の下り貨物列車。
◎富岡　1966（昭和41）年4月　撮影：辻阪昭浩

C60 6（仙台機関区）が牽引する上り普通列車。機関車次位はスユニ60形。
◎富岡　1966（昭和41）年4月　撮影：辻阪昭浩

海に近い富岡を発車すると下り列車は築堤を大きくカーブして海からやや離れた丘陵地帯へ入る。C627（水戸機関区）
が牽引する下り普通列車。最後部に荷物車（マニ60）と郵便荷物車（スユニ60）を連結。
◎富岡～夜ノ森　1963（昭和38）年11月　撮影：辻阪昭浩

富岡～夜ノ森間の切り通しをキハ26形が走行する。アーチ橋のある特徴的な跨線橋は三春街道が跨ぐもので、現在は残念ながら架け替えられている。◎富岡～夜ノ森　1965(昭和40)年１月３日　撮影：荒川好夫(RGG)

平機関区のＣ57形20号機が牽引する客車列車。平〜仙台間にはＣ57形の他にもＣ62形などといった様々な機関車が走っており、多くのファンが訪れていた。◎富岡〜夜ノ森　1965（昭和40）年１月３日　撮影：荒川好夫（RGG）

上野発仙台行きの特急「スーパーひたち」11号が富岡駅へ到着する。仙台発着の「スーパーひたち」は、いわき〜仙台間では付属編成の４両編成で運転された。付属編成はグリーン車がないため上野から仙台までグリーン車で通して乗ることはできなかった。◎富岡　1997（平成９）年６月９日　撮影：荒川好夫（RGG）

請戸川を渡る原ノ町発上野行「ひたち4号」。1973年10月改正時から「ひたち」は6往復となり、1974年夏時点では仙台発着1往復、原ノ町発着3往復、平発着2往復だった。上野〜仙台間の「ひたち」は所要4時間40分で本線経由「ひばり」より40分多くかかった。◎桃内〜浪江　1974（昭和49）年8月　撮影：山田 亮

ED75 38（内郷機関区）が牽引する水戸発仙台行241列車。請戸川を渡る。この付近は東日本大震災で避難困難区域となった。◎浪江〜桃内　1974（昭和49）年8月　撮影：山田 亮

急行「みちのく」は1950年11月に愛称名がつけられた上野～青森間急行で、青函連絡船の夜行便に接続するように昼間
走る列車だった。これにより函館には早朝に着け、札幌にも昼間には到着できた。このように常磐線は東北本線の福島
経由に比べて線形がよく比較的平坦線であったため、東北本線非電化時代には東京から東北・北海道へのメインルート
として活躍した。平機関区のC62形45号機が牽引する。
◎日立木～鹿島　1967（昭和42）年1月13日　撮影：荒川好夫（RGG）

浪江駅舎。駅前から福島方面への国鉄バスが発着した。この駅舎は1976年に改築された。
◎浪江　1974（昭和49）年8月　撮影：山田 亮

磐城太田駅～原ノ町駅周辺(昭和5年)

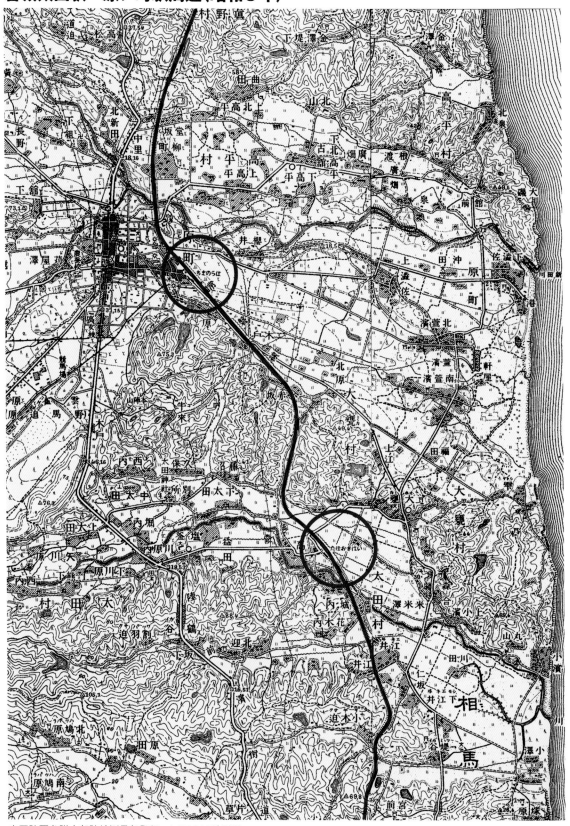

帝国陸軍参謀本部陸地測量部発行　1/50000地形図

日立木駅～中村駅(現・相馬駅) 周辺(昭和5年)

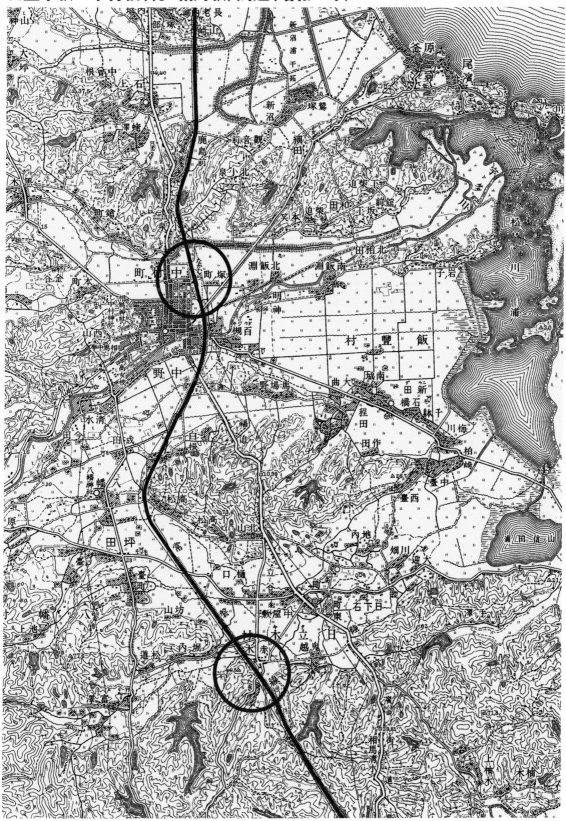

帝国陸軍参謀本部陸地測量部発行　1/50000地形図

247Mは原ノ町発仙台行きの普通列車で451・453系の急行用編成を利用していた。これは上野発相馬行きの「ときわ5号」が相馬到着後に原ノ町へ回送され、普通列車として仙台へ向かい折り返し急行「ときわ16号」として上野に行くというものであった。この列車は上野口で朝や深夜に設定される急行編成使用の普通列車と異なり、自由席グリーン車の設定があった。ちなみに急行「ときわ16号」の折り返しはその全車普通車扱いの普通列車勝田行きである。
◎駒ヶ嶺
1982（昭和57）年9月15日
撮影：森嶋孝司（RGG）

1987年4月1日に日本国有鉄道が分割民営化され、JR7社などが発足し、常磐線はJR東日本の管轄になった。写真の仙台駅に停車する寝台特急「ゆうづる」は国鉄時代の31日に青森を発車し、民営化後の1日に上野駅へ到着する列車で、機関車には既にJRマークが貼られているが、客車にはまだ貼られていない。
◎仙台　1987（昭和62）年4月1日
撮影：松本正敏（RGG）

急行運用がなくなった453系は勝田電車区から仙台運転所へ転属となり仙台地区のローカル輸送に従事した。同じ急行
形の455系や457系は仙台地区の電車標準色となる車体がクリーム10号で緑14号帯の入ったいわゆるグリーンライナー
色へ塗り替えられていったが、453系は主に常磐線で塗色も変更されず使用され早々に719系へ置き換えられていった。
また一部の車両は民営化前後に717系へ改造されている。
◎岩沼　1988（昭和63）年11月21日　撮影：松本正敏（RGG）

特急「みちのく」は上野〜青森間を常磐線経由で結ぶ昼行特急で、1972年3月に急行十和田からの格上げで登場した。昼夜行兼用の583系を使用し、下りは寝台特急「はくつる」の折り返し列車、上りは上野到着後に折り返し寝台特急「ゆうづる」となっていた。写真は新幹線開業直前の仙台駅を発車する特急「みちのく」で東北新幹線開業後の1982年11月のダイヤ改正で廃止となった。◎仙台　1982（昭和57）年3月22日　撮影：荒川好夫（RGG）

常磐線の終点は岩沼駅だが、実質的な終点駅は仙台だ。1949年に建てられた仙台駅4代目駅舎は木造モルタル2階建で1960年代には民衆駅化構想もあったが、実現はせず東北新幹線工事のため1972年に仮駅舎へ移転し、解体された。また新幹線工事期間中は夜行列車の一部が長期間、仙台駅を経由せずに宮城野貨物線経由になるなどした。
◎仙台　1971（昭和46）年11月　撮影：河野 豊（RGG）

亘理駅～岩沼駅周辺（昭和5年）

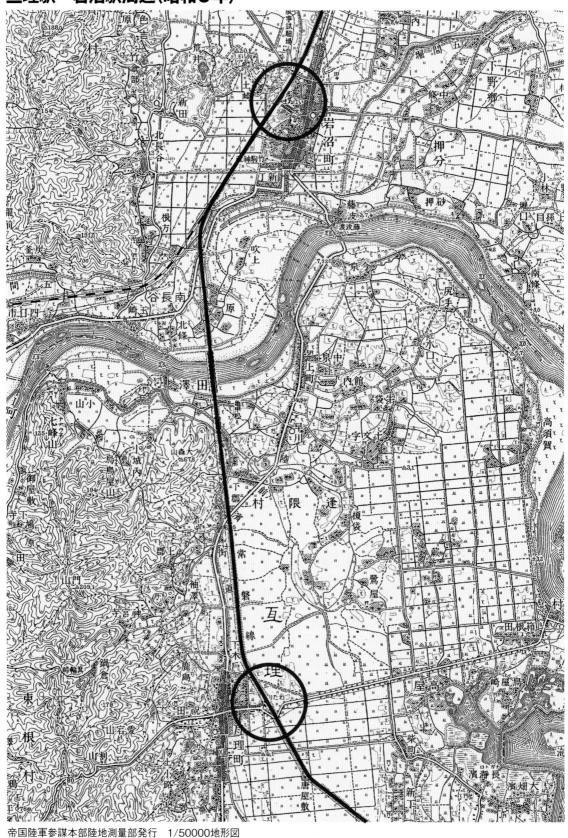

帝国陸軍参謀本部陸地測量部発行　1/50000地形図

長町駅～仙台駅周辺（昭和5年）

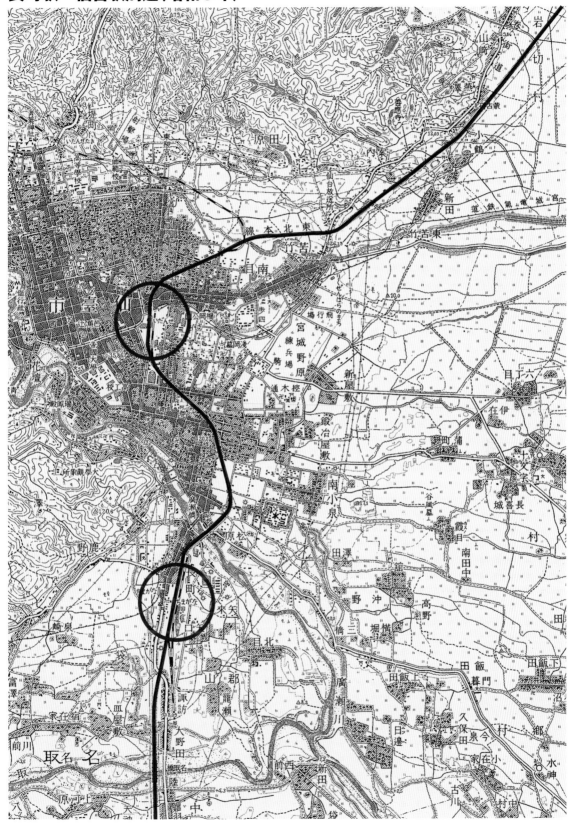

帝国陸軍参謀本部陸地測量部発行　1/50000地形図

『いわき市史』に登場する常磐線②

　中央資本の進出による採炭技術の向上、大規模化は当然常磐地区の出炭量を増加させた。しかし石炭の海送のための小名浜などの沿岸は必ずしも良港ではなく、「5000～6000俵の石炭を積んだ本船も、風波の悪しき場合は航海を見合せ幾日かは沖合にて天候回復を待つ」という状態であった。

　このため、商港としての港湾整備の声も強かったが、石炭市場京浜に近いこと、海上輸送の不安定さから、鉄道による陸上輸送への転換が石炭業界から起こった。このため、明治23年ころから、浅野・白井らによって、平・水戸間の私設鉄道建設の準備が進められ、この私鉄建設の動きに、当時の鉄道局長井上勝はすでに開通していた水戸線の経営上におよぼす影響の大きいことを恐れて、日本鉄道水戸線を延伸することとした。明治25年に測量を着手し、同27年11月2日に免許を取得、同30年2月25日水戸・平間の日本鉄道磐城線（常磐線）が極めて短時日のうちに開通した。着工に至るには、沿岸地方、7郡86村により常磐鉄道期成同盟会が設置されている。

　このころの鉄道は、明治5年官営鉄道が発足していたが、政府の援助のもとに、民間資本鉄道が多く建設されていた。この統制をとるため明治20年に私設鉄道条例、その後明治39年国有鉄道法が公布され、国内主要線とともに磐城線も国によって買収され、常磐線となった。

　この日本鉄道磐城線の開通と前後して、常磐炭田全域に、主として馬力を原動力とする軌道が数多く敷設されている。

　現在の福島臨海鉄道の前身になる小名浜・泉駅間の小名浜馬車軌道も、明治40年に開業している。これは、東京で醤油醸造業を営んでいた鈴木藤三郎が小名浜高山地区に製塩工場を建設し、燃料・製品輸送として敷設したものである。

　この日本鉄道磐城線の開通がいわき地方におよぼした効果は極めて大きく、磐城炭砿の古い計算書による石炭の販売高の増加でもこのことが立証される。

　常磐線開通という永年の願望実現は見ることができたが、反面、石炭・水産物・穀類等の輸送は、船舶から鉄道へと切り替えられこれを契機として小名浜港は衰退の道をたどった。小名浜港の石炭扱量は、鉄道開通前の明治29年には14万7,887トン（金額39万4,875円）であったが、開通後の明治32年には3万9,735トン（18万7,825円）、さらに明治35年には、2万6,840トンと急減している。水産物についても、明治29年の72万3,220貫が、明治35年には9万7,500貫と、漁港としても大きな影響を受けている。

　磐城線の平までの延伸は、石炭輸送が目的であり、小名浜地区を通らず、湯本、内郷地区を経由した。このため港および小名浜町の将来を憂うるものも多かった。その代表の声として『小名浜町自治制五十年回顧録』にはその後、小名浜港の修築と、平小鉄道建設の要望が高まって、あらためて鉄道への誘致問題を展開した事柄が記されている。

　「常磐線は明治25年日鉄経営の本に測量に着手なし日清戦争中に工を起して明治30年2月、水戸平間の開通を見て居る。而して此の線内に小名浜駅の片鱗だに現はれ得なかった事は如何なる理由かは後世本町を憂ふる所の士は義疑を懐くであう。是を一言にして言ひば町百年の大計を誤ったとも見られるのではないか」。

　小名浜港は明治28年ころまで石炭を始め、移出港として活用されたが、その後常磐線の開通に伴い、以前の面影を失った。このため、港の修築、拡大によってふたたび町の活力を取り戻そうとの、努力が始まった明治末期には発動機船出現という海運界の大きな変化があったが、小名浜の港湾施設は「明治41年小名浜港出入船舶表」から見ると施設の粗末さのみが語られていた。

『仙台市史』に登場する常磐線

昭和24 (1949) 年9月のダイヤ改正では、新型蒸気機関車の配備が進んだことなどから、それまで17時間以上を要した上野・青森間の急行列車（常磐線経由）は下りで2時間40分、上りで4時間5分のスピードアップを実現し、また食堂車も連結されるようになった。さらに、昭和25 (1950) 年10月のダイヤ改正では上野・青森間の急行は下りで20分のスピードアップを実現するとともに、急行増発および準急新設が行われ、上野・仙台間の急行に「青葉」、上野・青森間の急行に「北斗」「みちのく」という愛称が付けられた。その後もダイヤ改正のたびに急行列車の新設が行われ、同時にスピードアップがはかられた。しかしその一方で、石炭不足による列車の運休や列車内の治安問題などは、まだ完全に解決されずに残ったままであった。

このようにスピードアップが進むなか、昭和33 (1958) 年10月のダイヤ改正で東北最初の特急「はつかり」が登場した。上野・青森間を常磐線を経由して、最高時速90キロメートル、平均時速62.6キロメートルをもって12時間でつないだ。急行で1番早い「北斗」にくらべると、上野・仙台間で下りは32分、上りは37分早かった。停車駅は水戸・平（現いわき）・仙台・一ノ関・盛岡・尻内（現八戸）であった。

昭和34 (1959) 年9月のダイヤ改正では、特急「はつかり」のスピードアップがはかられ、上野・青森間が約30分短縮された。また、同時に常磐線経由で上野・仙台間に直通のDC（ディーゼルカー）急行「みやぎの」が新設された。

昭和35 (1960) 年11月のダイヤ改正は、東北地方だけを対象としたものであった。この改正は、特急「はつかり」が日本初のDC特急となったこと（運行は12月から）や、地方都市間のDC準急の増発と仙山線全線電化完成による仙山線のダイヤ全面改正など、折からいわれはじめたエネルギー革命の到来を実感させるものであった。翌昭和36 (1961) 年10月には、明治以来のダイヤを白紙化し、あらたにダイヤをつくり直す大規模なダイヤ改正が行われた。従来、仙台と首都圏を結ぶ特急や多くの急行は、内陸を走る東北本線ではなく、海岸沿いでより平坦な常磐線を経由していた。しかし、この改正では、不定期ではあるが常磐線経由ではないはじめての特急として上野・仙台間を結ぶ「ひばり」が設けられ、昭和37 (1962) 年4月から運転を開始した。この特急「ひばり」は、昭和38 (1963) 年10月には定期特急に格上げされている。

（中略）

昭和43 (1968) 年の東北本線全線複線電化完成後は、時刻改正が行われるごとに上野・仙台間を中心に特急・急行列車の増発が続けられた。昭和53 (1978) 年10月の時刻改正時点で上野と仙台を結ぶ東北本線の昼間特急列車は、「ひばり」の15往復をはじめ、1日25往復を数え、常磐線の特急「ひたち」と「みちのく」の2往復を加えるとじつに27往復もの特急列車が上野と仙台の間を走っていた。しかし、昭和57 (1982) 年6月の東北新幹線の大宮・盛岡間の暫定開業以降、上野駅発着の東北本線・常磐線の特急・急行列車はつぎつぎと姿を消していくことになる。

東北本線では、東北新幹線の大宮・盛岡間の暫定開業に合わせ、特急「やまびこ」が新幹線列車へ振り替えとなり、在来線特急列車としては廃止された。特急「ひばり」も一部が新幹線列車「あおば」に振り替えの形で削減となる。同年11月、上越新幹線の開業ならびに東北新幹線の大量増発によるダイヤ改正によって特急「はつかり」は盛岡・青森間の新幹線連絡列車となり、特急「ひばり」や急行「いわて」、常磐線経由の特急「みちのく」と急行「もりおか」も廃止された。さらに寝台特急「北星」や寝台急行「新星」もこの時に廃止されている。

昭和60 (1985) 年3月の東北・上越新幹線上野駅乗り入れに伴うダイヤ改正では、急行「まつしま」が廃止され、常磐線経由の急行「ときわ」と「十和田」も廃止となった。これにより、東北本線では寝台特急「はくつる」、夜行急行「八甲田」、奥羽本線ならびに磐越西線への直通列車、一部の臨時列車を除いて上野発着の黒磯以北に直通する東北本線昼行列車は全廃されたことになる。常磐線では特急「ひたち」、寝台特急「ゆうづる」が上野と仙台以北を結ぶ唯一の特急列車として東北新幹線上野駅開業後も残った。また、この間に東北諸都市間相互の急行列車や長距離普通列車もつぎつぎと姿を消し、東北地方の東北本線と常磐線の役割は、地域内輸送中心へと変化していった。

東北新幹線の開業によって、在来線に向けられる人びとの関心は、新幹線との乗り継ぎや日常的な利便性の向上に移っていった。

【著者プロフィール】
山田 亮（やまだ あきら）
1953年生、慶応義塾大学法学部卒、慶応義塾大学鉄道研究会OB、鉄研三田会会員、
元地方公務員、鉄道研究家で特に鉄道と社会の関わりに関心を持つ。
1981年「日中鉄道友好訪中団」（竹島紀元団長）に参加し、北京および中国東北地区（旧満州）を訪問。
1982年、フランス、スイス、西ドイツ（当時）を「ユーレイルパス」で鉄道旅行。車窓から見た東西ドイツの国境に強い衝撃をうける。
2001年、三岐鉄道（三重県）70周年記念コンクール「ルポ（訪問記）部門」で最優秀賞を受賞。
現在、日本国内および海外の鉄道乗り歩きを行う一方で、「鉄道ピクトリアル」などの鉄道情報誌に鉄道史や列車運転史の研究成果を発表している。
（主な著書）
「上野発の夜行列車・名列車、駅と列車のものがたり」（2015、JTBパブリッシング）
「常磐線、街と鉄道、名列車の歴史探訪」（2017、フォト・パブリッシング）
「中央西線、1960年代〜90年代の思い出アルバム」（2019、アルファベーターブックス）
「横浜線」「内房線」「外房線」「総武本線、成田線、鹿島線」街と鉄道の歴史探訪
（2019〜2020、フォト・パブリッシング）
「昭和平成を駆け抜けた長距離鈍行列車」「昭和平成を駆け抜けた想い出の客車急行」
（2020〜2021、フォト・パブリッシング）
「国鉄・JRの廃線アルバム 中国・四国編」「国鉄・JRの廃線アルバム 東北編」
（2021、アルファベータブックス）
〔国鉄優等列車列伝〕第1巻「さくら・みずほ」第3巻「はつかり・みちのく」
第5巻「白鳥・日本海・きたぐに」第6巻「関西〜九州間を駆け抜けた優等列車」（2021〜2022、フォト・パブリッシング）

【写真撮影】
小川峯生、高橋義雄、竹中泰彦、辻阪昭浩、長谷川明、柳田知章、安田就視、山田 亮
（RGG）荒川好夫、伊藤威信、牛島 完、小野純一、河野 豊、高木英二、松本正敏、宮地 元、武藤邦明、森嶋孝司

【執筆協力】
山内ひろき

常磐線
昭和の思い出アルバム

発行日 ……………………2022年11月1日　第1刷　　※定価はカバーに表示してあります。

著者………………………山田 亮
発行人……………………高山和彦
発行所……………………株式会社フォト・パブリッシング
　　　　　　　　　　　　〒161-0032　東京都新宿区中落合2-12-26
　　　　　　　　　　　　TEL.03-6914-0121 FAX.03-5955-8101
発売元……………………株式会社メディアパル（共同出版者・流通責任者）
　　　　　　　　　　　　〒162-8710　東京都新宿区東五軒町6-24
　　　　　　　　　　　　TEL.03-5261-1171 FAX.03-3235-4645
デザイン・DTP ………柏倉栄治
印刷所……………………株式会社シナノパブリッシングプレス

ISBN978-4-8021-3361-6 C0026